Charles Baudelaire, geboren am 9. April 1821 in Paris, ist am 31. August 1867 dort gestorben.

Claude Pichois schreibt im Nachwort zu seinem Buch *Baudelaire im Urteil seiner Zeitgenossen* Insel Verlag 1969: »Baudelaire hat seine Legende selbst geschaffen [. . .] Aber Baudelaire hat zunächst wohlüberlegte Zurückhaltung geübt. Vor Rimbaud, vor Valéry, nach Racine, wußte er um die soziologische Funktion des Schweigens. In einer von Schwätzern manipulierten Welt wirkt das Schweigen als etwas Ungewöhnliches, etwas Verdächtiges. Das Geheimnis wirkt beunruhigend. Zwischen 1842 und 1851 geht das Gerücht um, Baudelaire schreibe Verse . . .«. Freilich schrieb Baudelaire Verse, und als dann 1857 in Paris die hundert Gedichte der ersten Ausgabe der *Fleurs du Mal* erschienen und schon bald darauf Verleger und Dichter wegen Verletzung der Moral und der guten Sitten vor ein Gericht gezogen und zu Geldstrafen verurteilt wurden, da hatte Paris, die literarische Welt, ihren Skandal. Andrerseits glaubten nun nicht wenige das Recht zu haben, den Dichter und seine Dichtungen zu diffamieren. Die unmittelbare Rezeption der *Fleurs du Mal,* wie sie sich in der zeitgenössischen Presse spiegelt, wirft ein trübes Licht auf deren Zustand. »Viele Leute Leute haben sich mit der Neugier von Gaffern um den Autor der Fleurs du Mal gedrängt,« schreibt Baudelaire. »Der Autor der fraglichen *Fleurs* konnte ja nichts anderes als ein monstruöser Exzentriker sein. Alle diese Luder haben mich für ein Ungeheuer gehalten, und als sie erkannten, daß ich kalt, maßvoll und höflich war [. . .], haben sie (wie ich vermute) festgehalten, ich sei gar nicht *der Autor meines Buches* . . . Welch komische Vermengung von Autor und Gegenstand! Dieses verfluchte Buch (auf das ich sehr stolz bin) muß wohl recht dunkel sein, recht unverständlich! Ich werde lange darunter zu leiden haben, daß ich das Böse mit einigem Talent darzustellen wagte.« (13. Oktober 1864 an Ancelle)

insel taschenbuch 120
Charles Baudelaire
Die Blumen des Bösen

CHARLES BAUDELAIRE
DIE BLUMEN DES BÖSEN

ÜBERTRAGEN VON
CARLO SCHMID
INSEL

insel taschenbuch 120
11.-20. Tausend 1976
Alle Rechte vorbehalten
Insel Verlag Frankfurt am Main 1976
Vertrieb durch den Suhrkamp Taschenbuch Verlag
Umschlag nach Entwürfen von Willy Fleckhaus
Satz: Librisatz, Kriftel
Druck: Ebner, Ulm
Printed in Germany

Dem Dichter ohne Fehl

Dem Magus der französischen Dichtkunst

Meinem sehr lieben und sehr verehrten

Meister und Freund

Théophile Gautier

Widme ich mit dem Gefühle der tiefsten Demut

Diese kränkelnden Blumen

C. B.

AN DEN LESER

Verirrung, Dummheit, Sünde, Lug erschüttern
Im Fleisch uns, legen auf den Geist die Hand.
Wir päppeln unseres Gewissens Brand
Wie Bettelleute Ungeziefer füttern.

Wir büßen feige; unsere Sünden hecken;
Wir nehmen für Geständnis Wucherpreis,
Begehn dann lustig neu verschlammtes Gleis
Im Wahne feile Tränen löschten Flecken.

Der Große Satan auf des Bösen Kissen
Erst lange die behexte Seele wiegt,
Und unsres Willens reiches Erz verfliegt
In Dampf vor dieses Alchimisten Wissen.

Der Teufel zieht die Fäden, die uns führen!
Vom Eklen nehmen wir noch Reize mit;
Gehn jeden Tag zur Hölle einen Schritt
Durch Stank und Nacht – und lassen uns nicht rühren.

Gleich den Verbuhlten ohne Geld, die fressen
Der alten Hure ausgeschundene Brust,
Ergaunern hehlings wir am Wege Lust,
Die wir wie alte Apfelsinen pressen.

Dicht wimmelnd wie die Maden in dem Darme
In unserem Hirn ein Volk von Teufeln schmaust;
Ein Atemzug – in unsre Lungen saust
Der Tod, Strom unsichtbar und leis im Harme.

Wenn Brand und Gift, Gewalt an Frauen
In unsres Schicksals jämmerlichen Riß
Noch nicht ihr spaßig Bild gestickt – gewiß,
Nur weil die Seelen, leider! sich nicht trauen . . .

Doch unter den Schakalen, Skorpionen,
Den Affen, Geiern, Hündinnen in Brunst,
Dem Ungetier, das kläfft und brüllt und grunzt
Im Zwingerloch, wo unserer Laster wohnen,

Ist eins noch wüster, böser noch im Raffen!
Ist leise auch sein Schrei und träg sein Flug –
Es lockert noch der Erde festen Fug
Und schluckt das All in eines Gähnens Klaffen:

Verdrossenheit! – Im Aug erzwungenes Weinen
Träumt es vom Block und saugt am Pfeifenrohr.
Du kennst es, Leser, mache Dir nichts vor,
Du Heuchler, o mein Bruder vor den Peinen!

TRÜBSINN UND DENKBILD

Wenn nach dem Spruch der obersten Gewalten
Der Dichter tritt in diese graue Welt,
Entsetzte Mutter Lästerflüche gellt
Hinauf zu Gott, der läßt Erbarmen walten:

»Was bracht ich nieder nicht ein Nest voll Schlangen,
Eh daß ich solchen Spott in mir genährt!
O Fluch der Nacht, die flüchtige Lust beschert
Und meinen Leib das Bußkreuz ließ empfangen!

Da mir vor allen Frau'n du gabst die Schande
Der Abscheu meines gramen Manns zu sein,
Und ich nicht dies verkrümmte Fleisch und Bein
Verbrennen kann gleich einem Liebespfande,

Laß deines Hasses Wucht ich weiterschießen
Auf dieses Werkzeug deiner Grausamkeit
Und beuge diesen Jammerbaum so weit,
Daß die verseuchten Knospen nimmer sprießen!«

So würgt sie nieder ihres Hasses Eiter,
Und sie, die Gottes Ratschluß nicht verstand,
Türmt auf der Hölle Grund mit eigener Hand
Die für der Mütter Schmach bereiten Scheiter.

Doch in der Engel unsichtbarer Lenke
Trinkt Sonnengluten das enterbte Kind;
Aus allem, was es ißt und trinkt, ersinnt
es Himmelsbrot und rote Göttertränke,

Spielt mit dem Wind und mit den Wolken spricht es,
Wird trunken von dem Kreuzweg, wenn es singt;
Der Geist, der über seinen Fahrten schwingt,
Weint, sieht er es so frohen Angesichtes.

Doch wen er lieben will, der schaut in Zagen,
Und wen erkühnt seine Gelassenheit,
Der schafft, nur daß er klage, ihm ein Leid
Und übt an ihm die Kunst gesuchter Plagen.

In Brot und Wein, für seinen Mund bereitet,
Man Asche ihm und eklen Speichel rührt;
Scheinheilig wirft man weg, was er berührt,
Und schilt, wenn man durch seine Fährte schreitet.

Sein Weib läuft schreiend durch die Pöbelgassen:
»Er findet mich ja schön für Opferrauch,
So übe ich verjährter Götzen Brauch
Und will wie sie mich neu vergolden lassen,

An Weihrauch mich betrinken und an Myrrhen,
Und Kniebeugungen, Opferfleisch und Wein,
Ob in des wundertollen Herzens Schrein
Ich Throne rauben kann, die Gott gebühren!

Beginnt der Lästerspuk zu langeweilen,
Leg hart an ihn ich meine schmale Hand,
Und gleich Harpyn wird seines Busens Wand
Mein Nagel grabend bis zum Herzen teilen.

Dies Herz will ich wie jungen Vogel reißen,
Der zuckt und bebt, ganz rot aus seiner Brust
Und meinem Lieblingstier zu Fraß und Lust
Verächtlich lachend vor die Füße schmeißen!«

Wo seinem Aug ein Thron erglänzt, zum Himmel
Der Dichter still mit frommen Armen weist;
Ein Strom von Blitz aus seinem lichten Geist
Nimmt ihm die Schau aufs wütende Gewimmel.

– »Gesegnet seist du, Gott, der gibt die Schmerzen
Als Arzenei für unsre Unreinheit
Und Läutertrank für letzte Würdigkeit,
Der heiligen Wonnen reift die starken Herzen!

Ich weiß: Du hältst der heiligen Legionen
Glückselige Reihen für den Dichter frei
Und lädst zum Fest der Ewigen Litanei
Ihn mit den Kräften, Herrschaften und Thronen.

Ich weiß: Ein einziger Adel ist, das Leiden,
Den Erde nicht und Hölle nicht zerfrißt,
Und daß des Weltalls Fronzins nötig ist,
Um meine Stirn mit heiligem Kranz zu kleiden.

Doch auch Palmyrens lang verwehte Schätze,
Verhehltes Erz, die Perlen rings im Meer
Aus Deiner Hand genügten nimmermehr
Zum lichten Reif, den auf mein Haupt ich setze;

Denn nur der reine Strahl kann ihn mir weben,
Den ich dem Herd des Ersten Lichts entnahm,
Das Menschenaugen, ganz in Leuchten, lahm
Wie arme blinde Spiegel wiedergeben!«

DER ALBATROS

Oft fängt das Schiffsvolk, daß es sich vergnüge,
Den Albatros, den Aar der Meeresweiten
Und lässigen Gefährten ferner Züge
Den Schiffen, die auf bittrem Strudel gleiten.

Kaum haben sie den Vogel auf den Planken,
Da läßt der Fürst des Blau in täppischer Scham
Wie Ruder ärmlich schleifen an den Flanken
Die großen weißen Schwingen flügellahm.

Der Schwingensegler, ach wie link und matt!
Der einst so schön, was ist er lächerlich!
Da brennt den Schnabel ihm ein loser Maat,
Der äfft mit Hinken den, der hoch in Lüften strich.

Der Dichter gleicht dem Könige der Wolke,
Der Stürme aufsucht und des Schützen lacht;
Verbannt am Boden, ausgeschrieen vom Volke
Hemmt seinen Schritt der Riesenflügel Fracht.

AUFSCHWUNG

Über den Weihern und über den Talen,
Den Bergen, den Wäldern, den Wolken, der Flut,
Jenseits des Äthers, der Sonne in Glut,
Jenseits der Sphären, wo Sterne erstrahlen

Bewegst du mein Geist dich in Leichtigkeit
Und, wie einer träumt auf dem Rücken der Wogen,
Kommst froh durch unermeßbare Tiefen gezogen
In unsagbarer Lust du und Männlichkeit.

O fliehe nur ferne der fauligen Schäume
Und wasche in oberen Lüften dich blank
Und trinke wie reinen und göttlichen Trank
Das lichthelle Feuer der leuchtenden Räume!

Glücklich wer hinter Verdrusse und Leid,
Die schwer auf das Dunstmeer des Daseins sich schmiegen,
Mit kräftigem Flügel kann steigen und fliegen
Zu den Gärten des Lichts und der Heiterkeit –

Der, dem Gedanken sich schwerelos schwingen
Frei wie die Lerchen ins Morgenlicht
– Der hoch überm Leben versteht, was spricht
Aus der Blumen Kelch und den schweigenden Dingen!

Es ist Natur ein Tempel, dessen Pfeiler leben
Und dann und wann ein Wort von dunkelm Sinn verwehen;
Drin muß der Mensch durch einen Wald von Bildern gehen,
Die aufmerksamen Augs ihm traute Blicke geben.

Wie langer Widerhall, der ferne sich vermenge
Und sich in tiefen Einklangs Dämmertone bricht
– Weit wie die Nächte sind und grundlos wie das Licht –
Antworten sich im Ruf die Düfte, Farben, Klänge.

Da gibt es Düfte, wie die Haut von Kindern frische,
Süß wie Oboen, grün wie eine junge Wiese
– Und andere, verderbt und reich, gebieterische,

Die wie Unendliches in letzte Gründe dringen;
So Amber, Moschus und der Weihrauch, alle diese,
Die unseres Fleisches und des Geists Entrückung singen.

Ich liebe das Gedenken jener nackten Zeiten,
Da Phöbus ließ sein Gold auf Marmorleiber gleiten,
Und Mann und Weib, geschwellt von rascher Freudigkeit,
Genossen ohne Lüge sich und Furchtsamkeit.
Voll heiler Kraft durchdrangen sich erlauchte Glieder,
Und trächtiger Himmel blühte liebend auf sie nieder.
Die Große Mutter schwoll von allen Säften noch;
Sie fühlte ihrer Kinder Scharen nicht als Joch,
Und, Wölfin, deren Herz die Jungen all besitzen,
Säugt' sie der Würfe Fülle an den braunen Zitzen.
Der Mann, geschmeidig stark, sah stolz auf jene Schar
Von Schönen, deren auserkorener Fürst er war,
Der reinen Früchte ohne Fehl und ohne Schrunden;
Ihr schimmernd pralles Fleisch rief jauchzend Liebeswunden.

Der Dichter heut, der solcher Urweltmächtigkeit
Will schwanger werden und dort hin geht, wo bereit
So Mann als Frau sind ihre Leiber nackt zu zeigen,
Fühlt Nebelfrost verhüllend um die Seele steigen
Vor diesem Höllenbild, aus dem Entsetzen gähnt!
O Ungestalten, die nach dem Gewand euch sehnt!
O lächerliche Stümpfe! Rümpfe von Popanzen!
O Leiber, überzwerch und dürr, o schlaffe Pansen,
Die jener Gott, der *Nutzen* heißt und dem ihr sielt,
Als Kinder hart in seinen ehernen Windeln hielt!
Und Fraun ihr, bleiche Kerzen, o! zernagt von Lüsten,
Verderbten, bösen, die euch nähren und verwüsten,
O Jungfraun, schleppend schwer am Erbfluch Mutterschaft
Und allem Grauen eines Leibs in Schwangerschaft!

Gewiß, es haben wohl wir, die verderben mußten,
Des Schönen auch, von dem die Alten noch nichts wußten:
Gesichter, drein der Wurm im Herzen Furchen frißt,

Und etwas, das wie eine Schwindsuchtschönheit ist.
Doch diese Fünde unserer späten Musen werden
Uns kränklich müdes Volk nicht hindern, aller Erden
Der Jugend einen lauten Lobgesang zu weihn –
Der heilen Jugend, sanft bestirnt und hehr und rein,
Mit Augen wie der Quell und klar wie ihr Gewissen,
Und die auf alles, ohne irgend es zu wissen,
Gleich Vögeln, Blumen und des Himmels blauer Flut
Die Düfte gießt und Lieder, ihre sanfte Glut.

Rubens, du Strom Vergessens, Garten lässiger Lüste
Und Pfühl von Fleisch, drauf Liebe nicht gedeiht, doch her
Das Leben strömt und ewig wogt. So bebt die Wüste,
So schwingt die Luft im Blau und schwillt im Meer das Meer;

Lenardo Vinci, unvermeßner dunkler Spiegel,
Drin Engel ohne Harm mit süßem Lächelmund,
Den noch verschlossen hält geheimen Wissens Siegel,
In Gletscherschatten ruhn und in Zypressengrund;

Rembrandt, Siechenhaus, wo trübes Raunen lauert
Und dessen Dunkel nur ein Crucifixus schmückt,
Wo weinendes Gebet aus Unrathaufen schauert,
Die winterlich Geleucht in jähem Strahl durchzückt;

O Michelangelo, du Land, wo Urweltrecken
Den Heilanden gesellt sind und im Dämmerlicht
Gespenster schwer von Kraft sich hoch wie Säulen strecken
Und starrer Finger Krampf der Laken Fessel bricht;

So schamlos wie der Faun, verbissen wie die Ringer,
Du, der des Packes Schönheit auf vom Boden las,
Puget, du Herz voll Stolz, du Fahler und Geringer,
Ein Rudersklavenfürst, der nie vom Schmerz genas;

Watteau, du Mummenschanz, wo viel erlauchte Herzen
Den Schmetterlingen gleich sich wiegen im Geloh,
Gebrechlich Ziergebräu, verklärt durch Flimmerkerzen,
Aus den der Taumel in des Reigens Wirbel floh;

Goja, du Albdruck schwer von ungewußten Dingen,
Von Frühgeburten gargekocht beim Hexenfest,
Von Spiegelalten und von Mädchen zart, die Schlingen
Selbst Teufeln legen, zerrn sie nackt die Strümpfe fest;

Delacroix, du Blutsee heimgesucht von Mahren,
Verschattet von des Tanns unsäglich grünem Blick,
Wo unter bleichen Himmeln seltsame Fanfaren
Verwehn wie leise Seufzer Weberscher Musik;

O ihr Verwünschungen, ihr Flüche, Tränen, Lallen,
Verzückte Schreie, Lobgesänge laut und stumm,
Seid Echos, die aus tausend Labyrinthen hallen!
Ihr seid dem Herz, das stirbt, ein göttlich Opium.

Ihr seid ein Ruf, den tausend Wachen wiederholen,
Befehl, den weitergibt ein tausendstimmiger Chor,
Ein Leuchtturm angeflammt auf tausend festen Molen,
Signal des Jägers, der sich tief im Wald verlor.

Und das ist gut, denn sieh: wir können, Herr und Walter,
Kein besser Zeugnis geben unsrer Würdigkeit
Als dies Geschluchz von Glut, das Alter wälzt zu Alter
Und sterben geht am Grenzwall deiner Ewigkeit!

DIE KRANKE MUSE

Was fehlt denn heute, arme Muse, dir?
Von Nachtgesichten starren hohle Brauen
Und deine Stirne spiegelt wechselnd mir
Nur stummen Wahnsinn und ein kaltes Grauen.

Ließ roter Elfe oder grüner Mahr
Aus einem Krug dir Angst und Liebe triefen?
Zog meuternd dich der Alb der Nächte gar
In der Verbannten Moore Fabeltiefen?

Für deine Brust in der Gesundheit Ruch
Möcht heilen Denkens Kraft ich zu Besuch;
Dein christlich Blut sollt sich im Takt ergießen,

Wie alter Sprachen reiche Silben fließen,
In den im Wechsel herrscht der Lieder Ahn,
Apollo, und der Fürst der Ernten, Pan.

DIE FEILE MUSE

O Muse mein, die in Palästen schwärmt,
Hast du, wenn Jänners kalte Winde schießen,
In schneeiger Nächte dunkelstem Verdrießen
Ein Scheit, das deine blauen Füße wärmt?

Belebst du dann der Schultern Marmorstarre
Mit Schein, der nächtig durch die Läden dringt,
Und erntest Gold, das im Azure blinkt,
Fühlst du des Beutels und des Gaumens Darre?

Willst du an jedem Abend Essen haben,
Mußt Weihrauch brennen wie die Messeknaben,
Tedeen singen, die du so nicht meinst,

Mußt, Narr mit leerem Magen, Sprünge machen
Und grinsen, keinem zeigend, daß du weinst,
Damit die Niedern und Gemeinen lachen.

DER SCHLECHTE MÖNCH

Die alten Klöster stellten auf den Wänden
Belehrend aus der heiligen Wahrheit Bilder,
Wo sie den frommen Siedlern Wärme spenden;
So ward der Büßerstrenge Kälte milder.

In dieser Zeit, wo Christi Saat gediehen,
Hat mancher Mönch, des Ruhm nun nicht mehr währt,
Zur Werkstatt sich den Friedhof ausgeliehen
Und still in Einfalt dort den Tod verklärt.

– Ein Grab ist diese Seele, drin ich hause,
Ein schlechter Büßer, ewig schon, und werke;
Nichts schmückt die Wände der verhaßten Klause.

Ich träger Mönch! wann mach ich denn einmal
Aus dem lebendigen Schauspiel meiner Qual
Der Augen Liebe und der Hände Werke?

DER FEIND

Die ganze Jugend war ein finsteres Gewitter,
Durch das die Sonne hier und da ein Leuchten trieb,
Der Donner und der Regen wüteten so bitter,
Daß mir im Garten fast kein roter Apfel blieb.

Ich bin ins Spätjahr der Gedanken nun getreten
Und muß die Schaufel und die Harke rühren, daß
Ich neue Erde scharre ausgeschwemmten Beeten,
In die, wie Gräber tief, das Wasser Löcher fraß.

Ob neue Blumen, die durch meine Träume schweben,
In diesem Boden, kahlgespült wie Uferkies,
Wohl heilige Nahrung fänden, die sie wachsen ließ?

– O Schmerz! O weher Schmerz! Die Zeit verschlingt das Leben,
Und dieser düstere Feind, der nagt an Herz und Mark,
Wird durch das Blut, das wir vergießen, groß und stark!

Um solche schwere Last zu heben,
Wär, Sisyphus, dein Mut mir not!
Auch wo man ganz dem Werk sich bot,
Bleibt lang die Kunst und kurz das Leben.

Wo fern von den berühmten Grüften
Für sich allein ein Friedhof schweigt,
Zieht hin mein Herz und düster steigt
Sein Trauermarsch in grauen Lüften.

– Manch Geschmeid schläft vergraben im Schacht
Vergessen in Schweigen und Nacht
Zu tief allen Loten und Scheiten . . .

Manche Blume bedauernd verhaucht
Ihren Duft wie Geheimnis erlaucht
In der tiefsten der Einsamkeiten . . .

Ich wohnte lang in einem Säulenwald,
Den Meeressonnen bunt in Feuer tauchten,
Und abends glich er wohl durch die erlauchten
Gereckten Schäfte Grotten im Basalt.

Der Himmel Bilder rollten her die Wogen
Und mischten in geweihter Feier dort
Ihres Getöns allmächtigen Akkord
Den Feuern in der Augen Spiegelbogen.

Dort war's, wo ich gelebt, in stillen Wonnen
Ganz in Azur, in Wellen und in Sonnen
Und duftgetränkter nackter Sklaven Schar,

Die lind mit Palmen meine Stirne kühlten
Und nur sich sorgten, daß sie tiefer wühlten
Qualvoll Geheimnis, das mein Siechtum war.

ZIGEUNER AUF WANDERSCHAFT

Der jede Zukunft weiß, mit Glutpupillen
Der Stamm, brach auf und nahm die Kleinen mit
Am Rücken oder ihrem Appetit
Verschwendend Brüste, welche immer stillen.

In Waffen schreitet seiner Männer Gilde
Die Karren lang, drin ihre Sippe fährt;
Am Himmel schweift ihr Blick – er ist beschwert
Von düsterer Sehnsucht ferner Traumgebilde.

Im Loch die Grille, die sie kommen sieht,
Singt, wenn vorbei sie ziehn, ein doppelt Lied;
Demeter, die sie liebt, begrünt die Heiden,

Läßt Felsen strömen, Wüste wird ein Beet
Vor diesen Wandrern, denen offen steht
Vertrautes Reich zukünftiger Dunkelheiten.

DER MANN UND DAS MEER

O freier Mann, du liebst für alle Zeit das Meer!
Es ist ein Spiegel dir, der Seele Urgewalten
Schaust du in seines Schwalls unendlichem Entfalten;
Dein Geist ist wie sein Schlund von bitteren Salzen schwer.

Zu tauchen in dein Bild, ist dir so süßes Wagen,
Umarmst mit Aug und Arm es und dein Herz ruht aus
Vom eigenen Gedröhn bisweilen im Gebraus
Und Stöhnen seiner unbeugsamen wilden Klagen.

Verschweigen, dunkel sein ist euer beider Art:
Mann, keiner lotet je die Tiefen deiner Schründe,
Und keiner, Meer, wie reich du heimlich bist, ergründe,
So seid besorgt ihr, daß ihr das Geheimnis wahrt!

Und dennoch kämpfet ihr seit undenkbaren Zeiten
Wild miteinander und kein Wissen Halt gebot –
So mächtig liebet ihr das Töten und den Tod,
Unbändige Brüder ihr im Kampf für Ewigkeiten!

Als Don Juan, zum Acheron gestiegen,
Charon den Sold gezahlt fürs Totenschiff,
Ein Bettler stolz, wie die sich selbst besiegen,
Mit rachefestem Arm die Ruder griff.

Mit schlaffen Brüsten unter offnen Hüllen
Verkrümmten Fraun sich unterm schwarzen Pol
Und wälzten hinter ihm endlos ein Brüllen,
Wie reicher Opferherden Stöhnen hohl.

Da lachte Sganarell und sprach vom Lohne,
Indes Don Luis auf den Frevler wies,
Und alle Toten blickten nach dem Sohne,
Der weißem Haupte Schmach gedeihen ließ.

Elvira keusch und fröstelnd unter Flören
Beim Gatten stand, dem sie Geliebte war,
Als wollte letztes Lächeln sie beschwören
Von Süße hell, die erster Schwur gebar.

Ein Mann aus Stein, den strenger Harnisch schützte,
Am Steuer stand und schnitt die schwarze Flut.
Doch still der Held, der auf sein Schwert sich stützte,
Zum Strudel blickt und nichts zu sehn geruht.

ZÜCHTIGUNG DER HOFFAHRT

Zur Wunderzeit, da Gottes Wissenschaft
Wie nie gedieh durch reicher Säfte Kraft,
Hat eines Tags die Leuchte der Gelehrten
(Ein Mann, der einmal schmolz der Herzen Härten
Und, in den Tiefen, wühlend überwand –
Dann zu den Strahlenhimmeln Wege fand,
Seltsamere, als selber zu erfahren,
Und die wohl Engel nur gegangen waren),
Wie einer kopflos wird durch hohen Flug,
Geschrien in seiner Hoffahrt Höllentrug:
»O Jesuskind, von mir stammt deine Größe!
Doch fiel mir bei, in deines Panzers Blöße
Den Stoß zu tun, dein Ruhm versänk in Nacht
Und du wärst nur ein Bankert, des man lacht!«

Zur Stund hat die Vernunft den Mann verlassen.
Man sah in Flören diese Sonne blassen;
Das Chaos schwoll in diesen Geist hinein,
Einst Dom, der lebte, reichster Ordnung Schrein
Mit Prunk und Strahl unter der Wölbung Bogen.
Das Schweigen und die Nacht sind eingezogen,
Der Gruft gleich, deren Schlüssel man verlor.
Seitdem glich er den Herden vor dem Tor,
Und wenn er blicklos hinschritt auf den Weiden,
Unfähig Frost und Glut zu unterscheiden,
Unnütz und wüst wie ein vernutztes Stück,
War er der Knaben Spott und Gassenglück.

Ich bin schön, o ihr Menschen, wie Träume von Stein!
Meine Brust, wo der Reihe nach alle zerschellten,
Begeistert den Dichter zu Liebe; allein
Sie ist ewig und stumm wie die seellosen Welten.

Wie Sphinx ohne Löser thron ich im Licht
Und paare ein Schneeherz der Weiße von Schwänen;
Ich hasse Bewegung, die Formen zerbricht,
Und ich lache nie und vergieße nie Tränen.

Der Dichter, um meiner Erlauchtheit zu frönen
– Entliehen erscheint sie von stolzestem Mal –,
Wird sein Leben an strengstes Bemühen verschwenden;

Denn ich habe, so fügsamen Freier zu blenden,
Reine Spiegel an mir, die alles verschönen:
Meine Augen, geweitet vom ewigen Strahl!

Nie werden diese Schönen nach den Figurinen
–Verdorbene Früchte, die nichtsnutzige Zeit sich hegt,
Beschuhte Füßchen, Finger recht den Tamburinen –
Ein Herz befriedigen, das wie das meine schlägt.

Gavarni, Dichter jener Bleichen, will ich lassen
Sein zwitschernd Rudel solcher Schönen vom Spital;
Ich finde keine Rose unter diesen blassen,
Die fern nur gliche meinem roten Ideal.

Wes es bedarf dies Herz, so tief wie tiefste Schlünde,
Bist du, Lady Macbeth, du Herz mit Kraft zur Sünde,
Du Traum des Aischylos, erblüht in Nordens Wind;

Bist du, o Nacht, des Michelangelo Gestaltung,
Die du gelassen renkst in seltsamer Entfaltung
Die Reize, die für der Titanen Münder sind!

Zur Zeit, da noch von Säften schwoll die Welt
Und täglich neue Urzeitkinder wiegte,
Hätt gern ich junger Riesin mich gesellt,
Wie Katze sich an eine Fürstin schmiegte.

Zu schaun, wie Leib mit ihrer Seele blühte,
Und wie sie frei erwuchs in grausigen Spielen;
Erraten, ob ihr Busen Flammen brüte,
Aus feuchten Nebeln, die ihr Aug umspielen,

Und gern durchzogen ihrer Glieder Pracht,
Erklommen ihre Kniee steile Matten,
Und sommers, wenn vor giftiger Sonnen Acht

Die Flur die Müde sich zu legen lud,
Hätt ich geschlafen in der Brüste Schatten,
Wie Weiler sanft am Fuß des Berges ruht.

Allegorisches Standbild im Geschmack der Renaissance
Für den Bildhauer Ernest Christophe

Hier steht ein Schatz, der uns Toscanas Anmut wahrt.
Der Leib, ein sanft Gewog, in seiner Muskeln Schmiegen
Geschwisterlich die Leichtigkeit mit Stärke paart
In Überfluß. Dies Weib ist wunderbar: das Wiegen
Der Hüften schlank und von der Kraft, die beten lehrt.
Ich sehe diesen Leib auf einem Prunkbett liegen,
Der Mußestunden eines Kirchenfürsten wert.

– Schau dieses Lächeln an, so üppig wie verschwiegen,
Wo Liebe des Narziß sich an sich selbst verlor,
Den langen Lauerblick im Sehnen noch voll Trug,
Dies Antlitz übersüß in seinem zarten Flor . . .
Im Siegerton posaunend kündet jeder Zug:
»Mich ruft die Lust und Liebe krönt mich mit dem Kranz!«
Sieh, diese Frau in aller Hoheit Strahlenglanz
Kann Süße noch mit allen Zauberreizen schmücken!
Nun komm, betrachten wir das schöne Bild im Rücken.

O Lästerung der Kunst! O schauerlich Gericht!
Dies Weib mit Götterleib und allen Glücks Versprechen
Wird häuptlings Ungetüm mit doppeltem Gesicht!

– Nicht doch, es ist nur Maske, Zierat zum Bestechen,
Dies Angesicht, das süße Fratze helle küßt;
Schau her, dort ist es, dort und schauerlich verzogen,
Das wahre Haupt, das Antlitz, wie es wirklich ist,
Dort hinter jenes Truggesicht zurückgebogen.
Ach arme Schönheit! Deiner Tränen Fluß versinkt
In Pracht und mündet ein in meines Herzens Sinnen;
Dein Trügen macht mich trunken und die Seele trinkt

Die Fluten Schmerzes, die aus deinen Augen rinnen!
– Doch sag, was weint sie dann? Es zwingt vor diesem Weibe
Die Schönheit doch besiegt die Menschheit auf die Knie!
Sag, welche Seuche frißt an ihrem Ringerleibe?

– Sie weint, du Tor, weil einer Leben ihr verlieh!
Und weint, weil sie noch lebt! Doch ihre Tränen büßen
Vor allem eins, und ihre Kniee brechen schier,
Daß sie auch morgen, ach! wird weiterleben müssen!
Ja morgen, übermorgen, immer – wie auch wir!

Stiegst du vom Himmel, aus den schlimmen Gründen,
O Schönheit? Himmels und der Hölle Schein,
Schenkt aus dein Blick die Guttat und die Sünden,
Und drum vergleicht man füglich dich dem Wein.

Du birgst im Aug des Lichts Geburt und Sterben,
Verhauchest Duft wie die Gewitternacht;
Ein Liebestrank dein Kuß, dein Mund der Scherben,
Der Helden feig, das Kind zum Manne macht.

Gebar dich Nacht und Pfuhl oder die Sonne?
Verhextes Schicksal folgt dir wie ein Hund;
Du schenkst nach Zufall Unheil aus und Wonne
Und herrschst ob allem und legst keinen Grund.

Du trittst auf Leichen und kannst ihrer lachen,
Und deiner Gemmen schönste ist das Graun;
Den Mord kann unter deinen liebsten Sachen
Verbuhlt auf deinem Bauch man tanzen schaun.

Geblendet fliegt die Mücke zu dir, Kerze,
Verloht und spricht: »Sei, Flamme, du erlost!«
Ein Liebender keucht auf der Liebsten Herze –
Ein Sterbender, der seine Gruft liebkost . . .

Des Himmels Fund, der Hölle Sproß? Meintwegen!
O Schönheit, Untier ohne Freud und Leid,
Wenn mir dein Aug, dein Lächeln offenlegen
Das Niegeschaute der Unendlichkeit.

Schuf Gott dich? Baal? Bist Engel du? Sirene?
Was tut's, nimmst du – o samtgeäugte Fee,
O Rhythmus, Duft und Glanz – mir eine Träne,
Der Zeit ihr Blei und aus der Welt ein Weh!

Wenn ich gesenkten Lids im Herbst in warmer Nacht
Die Rüche deines heißen Busens atmend sauge,
Entfalten selige Küsten sich vor meinem Auge,
Die regungsloser Sonne Gleißen angefacht:

Ein träges Eiland, wo allein der Erde Macht
Seltsame Bäume reift und Früchte süßer Säfte,
Mit Männern, deren Leiber schmal und großer Kräfte,
Und Frauen, deren Aug durch Freimut staunen macht.

Von deinem Ruch geführt in zaubervolle Breiten
Seh einen Port ich: Mast und Segel breiten
Sich drängend dort, ganz müd noch von den Wellen,

Indes, in leichter Luft verschwebend, rings der frischen
Tamarinden Düfte mir die Nüster schwellen
Und in der Seele sich des Schiffsvolks Chore mischen.

O Vlies, das wogend zu den Schultern niederfällt!
O Locken! O vergessenschwangerer Wohlgeruch!
O Lust! Um diese Nacht das dunkle Schlafgezelt
Zu füllen mit Erinnern, das in Schlummer hält
Dies Haar, will ich's im Winde schwingen wie ein Tuch!

Des Morgenlands Erschlaffen und des Südlands Glut,
Die ganze Welt von Fernen, die schon fast verglimmen,
Sie leben, tiefer Wald, in deines Duftmeers Flut!
Wie andrer Seele auf den Tönen wogend ruht,
Will meine, Liebe, frei auf deinem Dufte schwimmen.

Ich will dorthin, wo prall von Säften Mensch und Baum
Erliegen unter einer heißen Sonne Glasten;
Seid, Flechten ihr, der Woge, die mich hinträgt, Schaum!
In dir, o Meer von Ebenholz, schwimmt licht ein Traum
Von Segeln, Rudervolk, von Flammen und von Masten:

Ein Hafen öffnet hallend sich; dort kann in weiten
Gedehnten Zügen Duft ich, Ton und Farbe trinken;
Dort seh ich Schiffe weich durch Gold und Seide gleiten
Und weitgespannte Arme um die Glorie breiten
Von Himmeln, daran schauernd ewige Gluten blinken.

Es wird mein Haupt in Räuschen seine Liebe finden,
Ins schwarze Meer, das alle Meere birgt, sich schmiegen;
Und in der Dünung Kosen wird dann neu entbinden
Mein feiner Geist euch, trächtige Trägheit und der linden,
Mit Duft gesalbten Muße grenzenloses Wiegen!

O blaues Haar, Gezelt von ausgespannten Schatten,
Du bringst mir des Azur endlosen Himmel her;
Auf deiner Lockenringel flaumigen Ruhematten
Berausch ich mich an Duftgemischen, wo sich gatten
Der Ruch von Kokosöl, von Moschus und von Teer.

Lang – immer!– wird die Hand in deiner Locken Masche
Die Perle säen, den Rubin und den Saphir,
Damit du nicht entflöhst, wenn dich mein Sehnen hasche!
Bist du nicht die Oase, wo ich träume, und die Flasche
Aus der Erinnerns Wein ich schlürfe heißer Gier?

Dich bet ich an wie nächtiger Wölbung Schauer,
O mächtige Schweigerin, o Kelch der Trauer,
Und lieb dich, Schöne, mehr noch, weil du fliehst
Und, meiner Nächte Schmuck, mehr Meilen liehst
– Zu grimmerm Hohn noch – jenen blauen Fernen,
Die meine Arme trennen von den Sternen.

Ich greife an und auf die Wälle stürme,
So wie den Leichnam anpackt das Gewürme,
Und liebe an dir, unversöhnlich Tier,
Die Kälte noch : Sie macht dich schöner mir!

Du stecktest in dein Bette gern die ganze Welt,
Unreines Weib! Verdrossenheit dich grausam hält.
Daß deine Zähne bei dem Spiele nie versagen,
Mußt jeden Tag du übend in ein Herz sie schlagen.
Und deine Augen, flammend wie das grelle Licht,
Das festtags aus den Buden und den Pfannen bricht,
Mißbrauchen frech ein Herrenrecht, das sie erborgten –
Die nie um ihrer Schönheit Maß und wert sich sorgten.

O taub und blind Gerät, das so viel Martern tut,
O heilsam Werkzeug, das sich tränkt mit aller Blut,
Wie kommt es, daß du dich nicht schämst? Und siehst erbleichen
Du nicht in jedem Spiegel deiner Reize Zeichen?
Und jenes Unheils Größe – wo du meinst, du weißt –
Schuf es dir nie den Schrecken, der dich rückwärts reißt:
Daß die Natur, groß in des Planens dunklen Gründen,
Sich deiner, Weib, bedient, dein, Königin der Sünden,
– Ja deiner, niedrig Tier – daß hoher Geist gerät?

O hehre Schmach! O schmutzbefleckte Majestät!

Du Gottheit fremd und braun, wie unsere Nächte sind,
Im Duft des Moschus und der herben Rauchgewächse,
Des Faust der Steppe, eines Obi, Werk: du Hexe
Mit Leib von Ebenholz, der Mitternächte Kind,

Der Trank von deinem Mund, auf dem die Liebe prangt,
Ist lieber mir als Haschisch und der Nächte Gleißen;
Wenn meiner Wünsche Karawanen zu dir reisen,
Tränkt deiner Augen Brunnen satt, was in mir bangt.

Laß aus den schwarzen Augen, Dämon ohn Erbarmen,
Den Fenstern deiner Brust nicht soviel Flammen stechen!
Ich bin doch nicht der Styx, dich neunmal zu umarmen,

Und kann nicht, Lüsterne, um deinen Mut zu brechen
Und müde dich zu hetzen, lebend schon auf Erden
In deines Bettes Hölle Persephone werden!

Mit ihrer Kleider flutendem Erglänzen
Schwingt sie im Schreiten schon als wie im Reigen,
Wie jene langen Schlangen, die in Tänzen
Auf Stäben schaukelnd heilige Gaukler zeigen.

Wie fahler Sand und blaues Licht der Wüsten,
Die beide nicht der Menschheit Leiden rühren,
Wie lange Wellenzüge fern den Küsten
Entfaltet sie sich, ohne uns zu spüren.

Ihr glänzend Auge ist aus schönen Steinen;
Aus diesem fremden sinnbildhaften Wesen,
Wo reiner Engel und die Sphinx sich einen,

Aus Gold, Demanten, Stahl und Licht erlesen,
Strahlt, wie ein Stern umsonst am Himmel steht,
Der Unfruchtbaren kalte Majestät.

DIE SCHLANGE IM TANZE

Wie hold ist anzuschaun, wenn schimmert
  An deinem Leib so schön
O Lässige, die Haut; so flimmert
  Ein Stern an Himmelshöhn!

Auf deiner Locken tiefen Fluten,
  Die scharfe Rüche braun,
Meer von Düften, dem nie ruhten
  Die Wogen blau und braun,

Wie Schiff, das in der Morgenbrise
  Seinen Schlaf vergißt,
Seele träumend ungewisse
  Fernensegel hißt.

Die Augen dein, die nichts versprengen,
  Was bitter wär und hold,
Sind kalt Geschmeide, wo sich mengen
  Das Eisen und das Gold.

Sieht man im Gehn dem Takt dich schmiegen,
  Hingegeben ganz,
Meint man, daß sich Schlangen wiegen
  Auf einem Stab im Tanz.

Dein Haupt beschwert von deiner Träge,
  In Kindheit noch gebannt,
Schaukelt, wie sich weich bewege
  Ein junger Elefant.

Dein Leib kann strecken sich und neigen,
  Wie schlanker Segler tut,
Der in der Wellen Fall und Steigen
  Die Rahen eint der Flut.

Wenn gleich dem Bach, den Strudel schwellen,
  Wenn schmilzt die Gletscherwand,
Die Wasser deines Mundes quellen
  Zu deiner Zähne Rand,

Ist mir, ich tränke Wein aus Böhmen
  Siegreich und herb wie Erz –
Himmel, dessen feurig Strömen
  Mir besternt das Herz!

EIN STÜCK AAS

Erinnre, was wir sahn, o Seele, an dem Morgen,
   Da uns des Sommers Glück bestach:
An eines Weges Bug, im Kieselbett verborgen,
   Lag eines Aases dreiste Schmach,

Die Beine reckend wie ein geiles Weib in Sünde,
   Im Brand vertriefend giftigen Schweiß
Und gab uns schamlos unbekümmert alle Gründe
   Des Schoßes voll Gestankes preis.

Die Sonne flammte licht auf diesem Moderleibe,
   Als koche sie die Fäulnis gar
Und hundertfältig der Natur zurückverleibe,
   Was durch sie einsgeworden war.

Der Himmel schaute zu, wie dieses Prachtgerippe
   Aufblühte wie ein Knospenflor;
Der Stank war so, daß dich beinah der Ohnmacht Hippe
   Gefällt ins Rasenstück davor.

Die Fliegen summten froh auf dieses Bauches Fäule,
   Und aus ihm floß die schwarze Schar
Der Larven zähe wie der Saft der Eiterbeule,
   Die Fetzen lang, drin Leben war.

Dies alles senkte sich und stieg wie eine Welle,
   Wenn es nicht knisternd sich entband;
Man meinte, daß der Leib, den irrer Atem schwelle,
   Sich mehrend neue Leben fand.

Und diese Welt gab leis ein seltsam Tönen wieder,
  Wie Wind und Wassers Lauf es gibt
Oder im Sieb das Korn, das schwingend auf und nieder
  Der Landmann wirbelt, wenn er siebt.

Die Formen wurden schwank, als ob man sie nur träumte,
  Gleich dem Entwurf, der liegen blieb
Und den der Künstler, der zur rechten Stunde säumte,
  Aus dem Gedächtnis weitertrieb.

Am Felsen lauerte ein Hund bei dem Geschmeiße
  Und böse blickend Zähne wies;
Er wartete, bis er aus dem Gerippe reiße
  Den Fetzen, den er fahren ließ.

– Und dabei wirst auch du einst diesem Schmutze gleichen,
  Dem Unrat, der dort grausig klafft,
Du Sonne meiner Welt, du Sternbild ohnegleichen,
  Mein Engel, meine Leidenschaft!

O ja! So wirst du sein, o Königin der Gnaden,
  Wenn du im Trost der letzten Weihn
Dann unter fettem Gras und Blumen bei den Maden
  Verfaulst mit anderem Gebein.

Dann, holde Schönheit, sprich und dem Gewürme sage,
  das dich im Fraß der Küsse minnt,
Daß ich unsterblich in mir Form und Wesen trage
  Der Lieben, die verfallen sind!

Dich, einzig liebe mir, beschwör' ich um Erbarmen –
In dunklen Abgrund fiel mein Herz, hör seinen Schrei
Aus trüber Welt im Rund des Horizonts von Blei,
Wo Fluch und Grauen sich im Meer der Nacht umarmen!

Dort Sonne, die nicht wärmt, ob sechs der Monde schwebt,
Sechs andre schlägt die Nacht den Gau in ihre Bande;
Viel nackter als am Pol ist es in diesem Lande . . .
Kein Tier, kein Bach, kein Wald, kein Grün darinnen lebt!

Auf Erden gibt es nicht so große Schrecklichkeiten
Als dieser Eisessonne kalte Grausamkeiten
Und die dem Chaos gleiche ungeheure Nacht;

Ich neide niederstem Getiere noch die Macht,
In stumpfen Schlummers Meer versinkend zu verstocken –
So langsam spinnt die Zeit ihr zähes Werg vom Rocken!

DER VAMPYR

Die du wie ein Messerstoß
Eindrangst in mein Herz in Klagen,
Die du wie ein Teufelstroß
Reich geschmückt in tollem Jagen

Kamst, aus meinem armen Geist
Dir zu machen Reich und Bette
– Schmach, an die ich bin geschweißt
Bin wie Sträfling an die Kette,

Wie der Spieler an die Sucht,
Wie der Trinker an die Gläser,
Wie an das Gewürm die Äser
– Sei verflucht du, sei verflucht!

Daß mir die Freiheit es erzwinge,
Hab ich erfleht vom raschen Schwert,
Daß es dem Feigen Hilfe bringe,
Hab ich vom falschen Gift begehrt.

Doch Gift und Degen mich verfemen;
Verächtlich sprechen alle zwei:
»Du bist nicht wert, daß wir dich nehmen
Aus so verworfner Sklaverei,

Dummer! – wenn aus ihrem Reiche
Dich befreite unser Mut,
Würde deiner Küsse Glut
Wecken deines Vampyrs Leiche!«

Als nächtens ich bei einer schlimmen Jüdin lag,
Wie zweier Leichen Starre deckt das gleiche Linnen,
Begann am Leib ich, den ich kaufte, nachzusinnen
Der toten Schönheit, die ich mir nicht gönnen mag.

Ich sah vor mir die Hoheit, die ihr eingeboren,
Den Blick in jeder Kraft und Anmut Schimmerwehr,
Der Haare Helm von allen heißen Düften schwer,
In deren Ruch ich neu der Liebe zugeschworen.

Ach! willig hätt ich deinen edlen Leib umarmt
Und von dem hellen Fuß bis zu der schwarzen Flechte
Den Schatz der tiefen Lust entfaltet ohn Ermatten,

Vermöchtest einmal nur in einer unserer Nächte
Mit einer freien Träne du, die nichts erbarmt,
Das Blinken deiner kalten Augen zu verschatten.

REUE IM GRABE

Schläfst einmal du, o schönes Ungeheuer,
Tief auf dem Grunde schwarzen Marmorbaus
Und hast du dann zu Schlafgemach und Haus
Ein leeres Loch und triefendes Gemäuer;

Bedrückt der Grabstein dann die zage Brust,
Die Hüften weichgeschmiegt vom süßen Schmollen,
Dein Herz am Schlagen hindernd und am Wollen
Und deiner Füße Lauf nach frevler Lust,

Ruft meines Traums Vertrauter dir, das Grab
– Denn immer wird den Dichter es verstehen –,
In deine schlummerlose Nacht hinab:

»Bist, fehle Buhlin, besser nun versehen,
Daß du nicht kanntest, was die Toten klagen?«
Dann wird der Wurm wie Reue an dir nagen.

DIE KATZE

Komm, schöne Katze, auf mein liebend Herze
Und halte noch zurück der Pfote Krallen;
Laß tauchend mich in deine Augen fallen,
Worin sich mischen der Achat und Erze.

Wenn meine Finger streicheln ohne Hasten
Dein Haupt und den geschmeidigsten der Rücken,
Die Hände trunken werden vom Entzücken,
Den Leib, der Ströme ausschickt, abzutasten,

Seh ich mein Weib im Geist! Sein Blick versehrt
Wie deiner, du so liebenswertes Tier,
Gleich tief und kalt und schneidend wie ein Schwert,

Und von dem Fuß zum Haupte schwimmen ihr
In flüchtigen Häuchen Düfte voll Gefahren,
Die ihres braunen Leibes Reiz sich paaren.

DUELLUM

Zwei Krieger haben sich berannt; ihr schwer Gewaffen
Ließ Tropfen Lichts und Bluts zum blauen Himmel schwärmen.
Dies Spiel mit Klingenklang von Eisen ist das Lärmen
Von Knaben, die, wenn Liebe umgeht, Luft sich schaffen.

Die Klingen sind dahin, wie's unsere Jugend ist,
Mein Kind! Doch Zahn und Fingernagel üben Rachen
Gar bald dafür, daß Schwert und falscher Dolch zerbrachen.
– Wie rast ein reifes Herz, drein Liebe Schwären frißt!

In eine Schlucht, wo Luchs und Pardelkatze hausen,
Fiel, böse ich umhalsend, unser Heldenpaar
Und seine Haut bringt noch den kahlen Dorn zum Blühen.

– Der Abgrund ist die Hölle und kein Freund blieb draußen!
Komm mit – bereue nichts, du Kriegsweib! – zu der Schar,
Daß unseres Hasses Kohlen ewig weiterglühen!

DER BALKON

O du der Liebsten liebste, Mutter des Erinnern,
O du all meine Lust, o du all mein Bemühn!
Du wirst die Schönheit unsres Kosens dir erinnern,
Des Heimes Frieden und des Abends Zauberglühn,
O du der Liebsten liebste, Mutter des Erinnern!

Den Abend leuchtend von des Kohlenfeuers Glut,
Die Abende auf dem Balkon in rosigem Wehen . . .
Wie war dein Busen süß mir und dein Herz mir gut!
Oft sagten Dinge wir, die nun nicht mehr vergehen
Am Abend leuchtend von des Kohlenfeuers Glut.

Wie sind an warmen Abenden so schön die Sonnen!
Wie wird die Weite tief, wie weit des Herzens Macht!
Wenn ich, o Königin, mich neigte deinen Wonnen,
Hab deines Blutes Duft zu atmen ich gedacht.
Wie sind an warmen Abenden so schön die Sonnen!

Die Nacht ward dann so dicht wie dunkle Scheidewände;
Mein Auge suchte deiner Augensterne Küsse
Und deiner Füße Schlummer wiegten Bruderhände
Und deinen Atem trank ich – o des Giftes Süße!
Die Nacht ward dann so dicht wie dunkle Scheidewände.

Ich weiß die Kunst, die seligen Stunden zu erwecken,
Und lebe, was verging, in deinem Schoße wieder.
Wer kann mir deiner Schönheit Wonnen sonst entdecken
Als dein so süßes Herz und deine teuren Glieder?
Ich weiß die Kunst, die seligen Stunden zu erwecken!

Ihr Schwüre, Düfte, o ihr Küsse ohne Neigen,
Könnt aus verwehrtem Abgrund ihr denn wiederkehren,
So wie verjüngt am Himmel auf die Sonnen steigen,
Die rein sich wuschen unten in den tiefen Meeren?
O Schwüre, Düfte, o ihr Küsse ohne Neigen!

Die Sonne hüllte sich in Flor. Du mußt wie sie,
O meines Lebens Mond, dich warm in Dämmer tauchen!
Verschatte dich, sei stumm! Magst schlafen oder rauchen,
Versinkst du nur im Meer der tiefsten Apathie.

So lieb ich dich! Doch willst du heute, wie ein Stern
In Finsterung entgleitet einem müden Dunkel,
Des Wahnsinns Tummelplätzen gönnen dein Gefunkel –
So sei's! Heraus denn, süßer Dolch, triff deinen Herrn!

Entflamme deine Augen an der Leuchter Lohen!
Entflamme die Begierden in dem Blick der Rohen!
Was von dir kommt, ist Lust, das Pralle und das Mürbe.

Ob schwarze Nacht, ob roter Morgenrausch – heil allen!
Kein Fleisch an mir, das nicht in diesem Schrei erstürbe:
Geliebter Teufel, laß mich vor dir niederfallen!

EIN TRAUMBILD

1 Die Finsternisse

In den Gewölben unlotbarer Trauer,
Wo mich das Schicksal lang schon eingesenkt,
Wo nie ein Strahl sein rosig Licht verschenkt,
Wo mit der Nacht allein – o Wirtin sauer! –

Ich bin, dem Maler gleich, den Gott im Scherz
Verdammte, auf die Finsternis zu malen,
Wo, Koch mit Gier nach schauerlichem Mahlen,
Ich siede und verzehre dich, mein Herz –

Scheint Augenblicke lang und steigt und breitet
Sich aus ein Geist voll Glanz bei holdem Wuchs.
Wie er verträumt und morgenländisch schreitet

Und voll zu seiner ganzen Größe wuchs,
Kenn ich den Gast am schönen Angesicht:
Sie ist's, die Dunkle und dabei mein Licht!

2 Der Duft

O Leser, sogst du schon in deine Brust
Mit trunkener Gier und trägen Schmeckens Lust
Den Duft des Weihrauchkorns in dunklen Chören
Und Moschus ausgehaucht von alten Flören?

O tiefer Zauber, durch den in das alte Heute
Erneutes Gestern seine Räusche streute!
So pflückt in eines Leibs Vergötterung
Der Freund die Blume der Erinnerung.

Aus ihrer Locken biegsamem Gewühle,
Lebendigem Rauchwerk unsrer Liebespfühle,
Drang es wie wilder Tiere herber Ruch,

Und aus der Kleider Samt- und Schleiertuch,
Getränkt von ihrer reinen Jugend Schmiegen,
Ist schwer ein Duft von Pelzwerk aufgestiegen.

3 Der Rahmen

Wie schöne Rahmen über Bilder breiten
– Auch jene, die der große Künstler malt –
Erhöhendes von seltsamer Gewalt,
Sie schrankend vor der Welt Unendlichkeiten,

So alles: Gold, Gerät, Metall, Rubine
Sich steigernd ihrer fremden Schönheit reiht;
Nichts trübt ihre vollkommene Helligkeit,
Als ob ein jedes Stück als Rahmen diene.

Ja manchmal schien, sie glaube fest, es müsse
Sie alles lieben wollen, und es tauchte
In ihrer Seide und des Linnens Küsse

Wollüstig ihre Nacktheit die Erlauchte
Und zeigte in den jähen wie den schlaffen
Gebärden Kinderanmut junger Affen.

4 Das Bildnis

Zu Asche brennen Krankheit und der Tod
Das Feuer ganz, des Flammen wir getrunken.
Von diesem Aug, das groß und zärtlich loht,
Von diesem Mund, in dem mein Herz ertrunken,

Von diesen Küssen, wie ein Zauber stark,
Ergüssen, brennender als rote Strahlen –
Was bleibt davon? Es ist entsetzlich karg!
Ein fahles Bild, wie es drei Farben malen,

Das wie ich stumm einsamem Tode reift
Und das die Zeit, der Greis voll Mißvergunst,
Tagtäglich hart mit seinem Flügel streift . . .

O schwarzer Mörder Lebens und der Kunst!
In meinem Sinnen bringst du niemals um
Die Schöne, die mein Glück war und mein Ruhm!

Ich schenk dir dies Gedicht, daß – wenn mein Nam
Mit Glück am Riff der fernen Zeiten strandet
Und ihren Siedlern Fracht von Träumen landet,
Ein Schiff, das Nordwinds seltene Gunst bekam –

Dein Nachruhm, Bruder halb verwehrter Sänge,
Den Leser matte gleich dem Trommellied
Und durch geheimer Weihe Kettenglied
An meinen hochgemuten Reimen hänge –

Unselige, der zwischen Himmelslicht
Und Höllenabgrund nichts denn ich entspricht!
– O du, die wie die flüchtigen Gestalten

Der Schatten trittst mit leichtem Fuß und mild
Die blöden Menschen, die dich bitter schalten,
Du eherner Engel, schwarzbesterntes Bild!

Wie kam dir – fragtest du – denn diese fremde Trauer,
Die flutet, wie das Meer verschlingt den nackten Stein?
– Hat unser Herz einmal gekeltert seinen Wein,
Wird Leben schlimm, es wird Geheimnis ohne Schauer,

Ein Schmerz, der einfach ist und nicht einmal sehr eigen
Und, wie dein lautes Glück, für alle offenbar.
Drum, schöne Fragerin, forsche nicht immerdar,
Und wenn auch deine Stimme süß ist, du mußt schweigen!

Schweig still, die du nichts weißt, du Seele, nur ergeben
Dem hellen Augenblick! Du Kind! . . . Mehr als das Leben
Hält noch der Tod uns fest so oft an leichten Seilen.

Komm, laß mich trunken sein von Schmerz und Lügenschaum,
Tief in dein schönes Aug versinken wie in Traum
Und lang im Schatten deiner Wimper schlummernd weilen!

Es kam der Böse mich besuchen
Des morgens in mein oberes Zimmer
Und fragte, um mich zu versuchen:
»Ich wüßte gerne, was denn immer

Von all dem Holden und dem Schönen,
Sie rings mit Zauber zu umgeben,
Und all den schwarz und rosa Tönen,
Um ihren Leib den Glanz zu weben,

Das Holdste ist?« – O meine Seele,
So sprachst zum Fürsten du der Leere:
»Da sie ganz Wunder ohne Fehle,
Ist nichts an ihr, das teurer wäre.

Ich weiß, wo Ganzes ein Entzücken,
Nicht, ob ein Stück mich selig macht.
Sie kann wie Morgenglanz berücken
Und bringt mir Tröste wie die Nacht.

Der Einklang ist zu auserlesen,
Der ihren Leib zusammenzwingt,
So kann nicht schwacher Witz zerlesen,
Wie eine jede Stimme singt.

In ein Gefühl die Sinne tauchen
Mir all und Wunder schließt die Kluft:
Musik tönt mir aus ihrem Hauchen
Und ihre Stimme spendet Duft.«

Was sagst du heute nacht, o Seele ohn' Genossen,
Was sagst du, o mein Herz, das einstens man versehrt,
Der, die so schön und gut, der teuren Makellosen,
Die durch ihr Himmelsaug dir neues Blühn beschert?

– Wir werden, sie zu singen, alle Kräfte brauchen,
Nichts Milderes als ihre Oberherrlichkeit!
Ihr Fleisch ist geistig und verhaucht der Engel Hauchen
Und ihre Augen kleiden uns in Helligkeit.

Ob in der Nacht und in der Einsamkeiten Grüften,
Ob auf den Straßen in der Menge lautem Schieben –
Es tanzt ihr Schattenbild wie Fackeln in den Lüften.

Zuweilen spricht es: »Ich bin schön und ich befehle:
Ihr dürft, die ihr mich liebt, nur noch das Schöne lieben;
Ich bin Madonna, Muse, Schutzgeist eurer Seele!«

Sie wandeln vor mir her, die Augen lichtdurchsponnen,
Die ein ganz weiser Engel wohl magnetisch lud,
Ein göttlich Brüderpaar, mir brüderlich gesonnen,
Und schütten in mein Aug ihre demantne Glut.

Sie können mich vor Fall und schwerem Fehle retten;
Sie halten auf der Schönheit Pfade mir den Fuß;
Sie dienen mir und ich trag dafür ihre Ketten,
Der dieser Fackel ganz und gar gehorchen muß.

Ihr strahlet, Augen, im geheimnisvollen Licht
Geweihter Kerzen, die am hellen Tage glimmen;
Die Sonne rötet, doch löscht ihre Flamme nicht;

Sie feiern hoch den Tod, ihr seid der Tagwacht Stimmen:
Im Wandeln singet ihr der Seele Auferwachen,
Gestirne, deren Glut nicht Sonnen bleichen machen!

Engel voll heiteren Sinnes, sag: kennst du das Graun,
Scham des Gewissens, der Sorge versehrende Mächte,
Unforme Ängste im Schrecken der grausigen Nächte,
Die, wie Papier man zerdrückt, alle Herzschläge staun?
Engel voll heiteren Sinnes, sag, kennst du das Graun?

Engel voll Huld, sag: hast du den Haß schon gespürt,
Fäuste sich krampfend im Dunkel und Tränen voll Gallen,
Wenn aus den Höllen die Trommeln der Rache erschallen,
Die unsre Sinne fortan wie ein Feldhauptmann führt?
Engel voll Huld, sag, hast du den Haß schon gespürt?

Engel du voll der Gesundheit, sag: kennst du den Brand,
Der längs der sperrenden Mauern der grauen Spitale
Schleppfüßig wie die Verbannten umschleicht die Portale,
Lippen bewegend nach spärlichen Sonnen gewandt?
Engel du voll der Gesundheit, sag, kennst du den Brand?

Engel du voll aller Schönheit, sag: kennst du die Falten,
Kennst du die Angst vor dem Altern, die grausige Qual,
Opfermuts heimlichen Ekel zu sehen, der fahl
Augen verdunkelt, drin unsre ihr Fest einst gehalten?
Engel du voll aller Schönheit, sag, kennst du die Falten?

Engel du voll allen Glückes, der Freude, der Helle,
Sterbend hätte sich David Gesundheit erfleht
Von dem, was strahlend im Zauber des Leibs dich umweht;
Ich flehe nur, daß mir dein Gebet sich geselle,
Engel du voll allen Glückes, der Freude, der Helle!

Ein Mal, o Süße, eins nur, lag zu guter Stunde
   Dein glatter Arm auf meinem leicht.
Mir hat das Grau tief auf der Seele Schattengrunde
   Nicht die Erinnerung gebleicht.

Es war schon spät. Es spreizte wie ein neuer Gulden
   Der Mond sich in der Finsternis,
Und strömend rieselten der Nacht geweihte Hulden
   Hin auf das schlafende Paris.

Entlang den Häusern huschten an den Kellerfenstern
   Die Katzen, lauschten unserm Tritt
Und gingen manchmal gleich gefreundeten Gespenstern
   Ein Stück auf unsrem Wege mit.

Auf einmal in der freiesten Vertrautheit Schwingen,
   Die an dem fahlen Schein erblüht –
O tönend Instrument, in dessen Saiten singen
   Die Strahlen, die dein Lächeln glüht,

Du hell und jauchzend so, wie in dem Funkelschimmern
   Des Morgens die Fanfare hallt –
Rang sich aus dir ein Laut, ein eigentümlich Wimmern
   Und schwankte ohne Stand und Halt.

Gleich einem finstern, spinnenhaft unreinen Kinde,
   Ob dem die Sippe Wehe ruft,
Und das sie, daß es aus der Sicht der Welt verschwinde,
   Verborgen hielt in einer Gruft.

Dein kreischend Wimmern, o du Engel, hat gesungen:
  »Nichts hält, was man hienieden sucht!
Durch alle Schminken ist noch immer durchgedrungen
  Und grinst der Menschen Eigensucht.

Und schöne Frau zu sein, beugt unter harte Künste
  Das Werk um billigen Entgelt
Der Tänzerin, die kalt im Brand gespielter Brünste
  In ein gelerntes Lachen fällt.

Und, wer auf Herzen aufbaut, dumm ist und vermessen;
  Und Schönheit, Liebe frißt die Zeit,
Bis sie in seine Kiepe schleudert das Vergessen
  Und wiedergibt der Ewigkeit.«

Oft denk ich dieser Zaubermondnacht, wenn es düstert,
  Des Sehnens und der stillen Rast
Und jenes Schauerlichen, das du leis geflüstert
  In meines Herzens Beichtstuhl hast.

DIE GEISTIGE MORGENRÖTE

Wenn morgendlich sich rot und silbern in den Schlemmern
Der Tag dem Ideal, das sie benagt, gesellt,
Wacht durch die Zauberkraft einer geheimen Welt
Ein Racheengel auf in des Vertierten Dämmern.

Der Himmel reiner Geister unerreichbar Meer
Geht auf vor dem Gefällten, der noch träumt und leidet,
Und mit des Abgrunds Sog sich tief und tiefer weitet . . .
So schwingt sich, Göttin, o du Wesen klar und hehr,

Hoch über stumpfen Festgelags verrauchten Trümmern
Erinnerung an dich – doch lichter, mehr in Flor –
Im Nu zu meines Augs weit aufgerißnem Tor.

Und ließ die Sonne schon der Kerzen Glast verkümmern,
So ist dein Geisterbild in seiner Siege Kranz
Der Sonne gleich an Kraft, o Seele du voll Glanz!

ABENDEINKLANG XLVII

Sieh diese Zeit, wo bebend am Gezweig sich dehnen
Die Blumen; sie verdampfen wie ein Weihrauchbecken.
Die Abendlüfte Ton und Duft zum Tanze wecken.
Wie bist du traurig, Tanz und taumelst du, mein Sehnen!

Die Blumen, sie verdampfen wie ein Weihrauchbecken,
Die Geige zittert wie ein wundes Herz in Tränen;
Wie bist du traurig, Tanz und taumelst du, mein Sehnen!
Der Ruhaltäre Flöre das Gezelt bedecken.

Die Geige zittert wie ein wundes Herz in Tränen,
Ein zartes Herz, das haßt der schwarzen Leere Schrecken!
Der Ruhaltäre Flöre das Gezelt bedecken;
Die Sonne starb im Blut; nun starrt der Strom der Venen!

Ein zartes Herz, das haßt der schwarzen Leere Schrecken,
Will sich mit jeder Spur vergangenen Lichts belehnen!
Die Sonne starb im Blut; nun starrt der Strom der Venen . . .
Dich denken ist, den Glanz der heiligen Schreine wecken!

DAS DUFTGLAS

Ich kenne Wohlgeruch, für den des Stoffes Bann
Nicht gilt und der sogar Kristall durchdringen kann.
In Kästchen, hergebracht auf östlichen Galeeren,
Die unterm Schlüssel schrein und fremdem Öffner wehren,

In Schränken, wie sie oft in öden Häusern stehen
Und grauer Zeiten Staub und bittren Ruch verwehen,
Erstaunt bisweilen uns ein Glas, das wieder träumt,
Aus dem lebendig neu erwachte Seele schäumt.

Gedanken, leichenhaft verpuppte Falter, schliefen
Dort tausendfach und sanft in schwerer Dämmer Tiefen!
Nun reckten neuem Flug den Fittich sie empor
Getränkt mit Blau, bestreut mit Gold, in Rosenflor.

Erinnerung steigt auf, die trunken macht, und schweift
Durch irre Luft . . . es fällt die Wimper . . . Schwindel greift
Besiegte Seelen an und schiebt mit jäher Pranke
Sie einem Abgrund zu, ganz schwarz von Menschenstanke.

Er fällt sie hart am Schlund uralter Grabesweihen,
Darin – gleich einem Lazarus in Spezereien,
Der seine Binden sprengt – sich neu der Leichnam regt
Verwester Liebe, die sich lang ins Grab gelegt.

Wenn in der Menschen Sinn dereinst man mich vergißt.
In düstrer Truhe Klamm mich zähes Dunkel frißt,
Wenn man mich weggestellt gleich einer alten Flasche,
Die sprang und, wüst verschmiert, verkam in Staub und Asche –

Dann, holde Pestilenz, werd ich zu deinem Sarge,
Zum Eideshelfer laut für deine Macht und Arge,
Du teures Gift, gebraut von Engeln, Saft, der frißt
Und meines Herzens Tod und ach, sein Leben ist!

Der Wein bekleidet uns die schmählichsten Gelasse
  Mit Fabelweltenprunkgerät,
Und tausend Wunderhallen goldener Zauber weht
  Aus seinem Purpurräucherfasse,
Wie wenn das Licht an Wolkenhimmeln untergeht.

Das Opium vergrößert noch das Grenzenlose,
  Verlängert die Unendlichkeit,
Schürft in der Wollust Adern, es vertieft die Zeit
  Und füllt noch jenseits ihrer Lose
Die Seele an mit schwarzer Lüste Düsterkeit.

Dies alles reicht nicht an des grünen Giftes Schäume
  Aus deiner Augen Ungewiß . . .
O See, wo zitternd sich verkehrt der Seele Riß,
  In Scharen kommen meine Träume
Und letzen sich an deines Abgrunds Bitternis!

Dies alles reicht nicht an das Wunder frevler Säfte,
  Die deines Mundes Speichel löst
Der brennt und meine Seele in Vergessen stößt,
  Sie schwindeln macht und ohne Kräfte
Die Stürzende zum Ufersand des Todes flößt.

GETRÜBTER HIMMEL

Von Dunst umwölkt erscheint dein Blick, o Frau;
Dein seltsam Aug (ist's grau, ist's grün, ist's blau?)
Im Wechsel zart und träumerisch und kalt
Des Himmels ungerührte Blässe strahlt.

Du gleichst dem lauen weißumflorten Tag,
Wo das umstrickte Herz zerfließen mag.
Wenn unter fremder Krankheit, die ihn preßt,
Der wache Nerv den Geist nicht schlafen läßt.

Und manchmal gleichst du schönem Horizont,
Den fahles Licht der trüben Jahrzeit sonnt . . .
Wie leuchtest du, o naßgeweinte Welt,
Im Licht, das aus getrübtem Himmel fällt!

O süße Luft, gefahrvoll Weib – ob je
Ich auch noch knie vor *eurem* Reif und Schnee,
Und Winter, der mich unbarmherzig kränkt,
Lust schmerzlicher als Eis und Stahl mir schenkt?

1

In meinem Hirne geht spazieren,
Als wandle er durch seine Mark,
Ein schöner Kater sanft und stark.
Du hörst ihn kaum, so voller Zieren

Und leiser Zartheit ist sein Laut.
Doch ob die Stimme sinke, schwelle,
Ist immer voll sie, tief und helle –
Geheimnis niemand anvertraut!

Sie perlt und träuft durch alle Siebe
Zum fahlsten Grunde meiner Brust,
Erfüllt mich wie ein Vers mit Lust,
Beglückt mich wie ein Trunk um Liebe.

Sie schläft die schlimmsten Peinen fort
Und bannt der Brünste Wust und Jagen;
Um längste Sätze mir zu sagen,
Benötigt sie kein einzig Wort.

Kein Bogen macht mein Herz erklingen,
Dies gültig Instrument, und bringt
Die Saite, die am hellsten schwingt,
So königlichen Tons zum Singen

Als deine Stimme, seltsam Tier,
Du dunkle Katze, Seraphgleiche,
An der wie in der Engel Reiche
Nur Wohllaut ist und leise Zier.

2

Aus ihrem braun und blonden Vlies
Dringt Duft so süß, daß ich die Nacht
In Balsam ging, weil sie sich sacht,
Und einmal nur, liebkosen ließ.

Sie hält des Hauses Großvogtei,
Sie richtet, heischt und zieht den Ring
In ihrem Reich um jedes Ding.
Ist sie der Gott? Ist sie die Fei?

Und wenn mein Aug, das an sich zieht
Das teure Tier wie ein Magnet,
Sich zagend von ihm weggedreht
Und in die eigene Seele sieht,

Seh ich von Staunen angerührt
Die Glut der Augensterne fahl,
Opal, der lebt, und hell Fanal,
Die mich beschaut und sich nicht rührt.

Ich will dir künden, du verzauberndes Entzücken,
Die schönen Dinge, die mir deine Jugend schmücken;
   Ich male deine Schönheit dir;
Wo sich der Reife Pracht gepaart des Kindes Zier.

Wenn dein Gewand im Schreiten breit die Lüfte fegt,
Bist du ein schönes Schiff, das vor den Wind sich legt
   Und leis und langsam in der vollen
Geblähten Segel Schmuck sich wiegt in trägem Rollen.

Auf deinem runden Hals und reicher Schultern Bogen
Läßt du dein prangend Haupt in fremder Anmut wogen;
   So schreitest sieghaft du und lind
Auf deinen Wegen hin, mein hoheitsvolles Kind.

Ich will dir künden, du verzauberndes Entzücken,
Die schönen Dinge, die mir deine Jugend schmücken;
   Ich male deine Schönheit dir,
Wo sich der Reife Pracht gepaart des Kindes Zier.

Dein Busen schwillt und hebt die starre Seide frank
In holdem Druck und ist ein wunderschöner Schrank,
   Auf dessen wölbigen Paneelen,
Wie auf den Schilden, eingeschlagene Blitze schwelen.

Kampflustige Schilde ihr, mit rosigen Buckeln vorn,
O Schrank, wo süß Geheimfach ist, du spendend Horn
   Voll Düften, Wein und schweren Tränken,
Die Herz und Hirn vereint im Meer des Rauschs ertränken!

Wenn dein Gewand im Schreiten breit die Lüfte fegt,
Bist du ein schönes Schiff, das vor den Wind sich legt
    Und leis und langsam in der vollen
Geblähten Segel Schmuck sich wiegt in trägem Rollen.

Die stolzen Beine, frei in Säumen, die sie jagen,
Sind dunkler Wünsche Reiz und locken dunkle Plagen,
    Ein Hexenpaar, das Feuer schürt
Und schwarzen Liebestrank in tiefem Kessel rührt.

Und deine Arme – Spott auf jungen Riesens Prangen! –
Sind pralle Jünger wohl der bunten Urwaldschlangen,
    Geschaffen, deinen Freund zu drücken
– Lang, lange! – um ihn deinem Herzen einzustücken.

Auf deinem runden Hals und reicher Schulter Bogen
Läßt du dein prangend Haupt in fremder Anmut wogen;
    So schreitest sieghaft du und lind
Auf deinen Wegen hin, mein hoheitsvolles Kind!

O Schwester, o Kind,
Bedenk, wie es lind
Wär, dorthin zusammen zu gehen –
Zu der Liebe Gebot,
Zu Liebe und Tod
In Länder, die ähnlich dir sehen!
Feuchte Sonne hält
Am nassen Gezelt
Den Geist in Geheimnis gefangen,
Wie in Banden mich schlug
Deiner Augen Trug,
Die beim Weinen noch blinken und prangen.

Dort wird nur Ordnung im Verein
Mit Schönheit, Frieden, Wonne sein.

Betten und Schrank,
Von Alter blank,
Würden die Kammer uns zieren;
Seltener Blumen Duft
Mischt in der Luft
Sich der Ambra Elixieren;
Reicher Decken Kranz,
Tiefer Spiegel Glanz,
Des Morgenlands üppige Prächte –
Dies all insgeheim
Dem Geist des Daheim
So süßen Mutterlaut brächte.

Dort wird nur Ordnung im Verein
Mit Schönheit, Frieden, Wonne sein.

Sieh, auf der Gracht,
Schlafen Schiffe und Fracht;
Sie segeln nach schweifenden Sternen;
Daß du dich stillst,
Was du auch willst,
Ziehn her sie aus weitesten Fernen.
Das Abendrot
Verhüllt und umloht
Die Grachten, die Stadt und die Haine
Mit Jazint und Gold.
Wie schläft es sich hold
In diesen warmen Lichts Scheine!

Dort wird nur Ordnung im Verein
Mit Schönheit, Frieden, Wonne sein.

1

Kann einer alter Reu gedehntem Bisse wehren,
  Der schlangengleich lebendig ist
Und von uns lebt, wie Würmer sich von Toten nähren
  Und wie vom Baum die Raupe frißt?
Kann einer alter Reu gedehntem Bisse wehren?

In welchem Liebestrank und Wein, in welchen Suden
  Ertränken wir den alten Feind,
Der zehrender Begier von liederlichen Truden
  Noch die Geduld der Emsen eint?
In welchem Liebestrank und Wein . . . in welchen Suden . . .?

Sag's schöne Hexe, wenn du solches Wissen hast,
  Nun diesem Geist im Griff der Ängste,
Der Wundem gleicht, erdrückt von andrer Wunden Last,
  Zu Tod gestampft vom Huf der Hengste –
Sag's schöne Hexe, wenn du solches Wissen hast,

Dem Sterbenden, bei dem der Wolf schon witternd lauert,
  Der Rabe zäh die Wache hält –
Sag diesem müden Kriegsmann, wie lang es noch dauert,
  Bis auf sein Grab das Kreuz man stellt,
Dem armen Sterbenden, auf den der Wolf schon lauert!

Macht man mit Lichtern hell des Himmels schlammig Schwarz?
  Ob wer die Düsternis zerreißt,
Die ohne Morgen ist und Abend, zähes Harz,
  An dem kein Blitz, kein Stern mehr gleißt?
Macht man mit Lichtern hell des Himmels schlammig Schwarz?

Die Hoffnung, die am Kreuz des Einkehrfensters funkelt,
  Blies einer aus, ist ewig tot!
Wie findt ein Mann am Weg der Marter, wenn es dunkelt,
  Ohn Licht und Mond ein Bett und Brot?
Der Teufel löschte, was am Tor der Einkehr funkelt!

Liebst, holde Hexe, den du, der verspielt sein Heil?
  Kennst du, was nie noch ward vergeben?
Kennst des Gewissens Biß du, giftgetränkten Pfeil,
  Dem wir das Herz zur Scheibe geben?
Liebst, holde Hexe, den du, der verspielt' sein Heil?

Unwiederbringlichkeit nagt uns mit Höllenzahn
  Der Seele dürftig Monument
Und manchmal greift den Bau sie wie Termiten an
  Und wühlt zuerst am Fundament . . .
Unwiederbringlichkeit nagt uns mit Höllenzahn!

2

Ich sah wohl da und dort im nächsten Schauspielhaus,
  In dem der Töne Flamme krachte,
Wie eine Fee in eines Höllenhimmels Graus
  Ein Wunderabendrot entfachte.
Ich sah wohl da und dort im nächsten Schauspielhaus

Ein Wesen, das aus Gold nur war und Licht und Gaze,
  Wie es den Riesen Satan narrt;
Und auch mein Herz, dem nie zu Gaste kam Ekstase,
  Ist eine Bühne – doch man harrt
Um sonst des Wesens mit dem Schwingenpaar aus Gaze!

Du bist ein Spätjahrhimmel hell und rosenfarben!
Doch in mir flutet wie das dunkle Meer der Gram
Und läßt verebbend meiner Lippen spröden Narben
Die beißende Erinnerung an bitteren Schlamm.

Umsonst streift deine Hand auf meiner Brust in Beben;
Was dort sie suchte, ward geplündert und verheert,
Dem wilden Zahn und Griff des Weibes preisgegeben.
Drum such mein Herz nicht mehr; Getier hat es verzehrt.

Mein Herz ist ein Palast, der vom Gesindel wüste,
Man trinkt dort Räusche, rauft, wälzt mordend sich im Blute!
– Ein schwerer Duft schwimmt rings um deine nackten Brü-
ste...

Du willst es, Schönheit, du der Seelen harte Rute!
So laß im Flammenfest aus deiner Augen Sprühen
Die Fetzen, die das Tier verschont, zu Asche glühen!

1

Bald werden kalte Nebel uns umfließen;
Lebendig Licht zu kurzer Sommer lebe wohl!
Ich höre schon, wie auf der Höfe Fliesen
Die Scheite poltern, hallend dumpf und hohl.

Nun wird der ganze Winter in mich wuchten:
Zorn, Haß und Angst, erzwungener Arbeit Mühn;
Wie Sonne in der Polnacht Höllenbuchten
Wird nun mein Herz ein Block von Eis in Glühn.

Ich horch voll Grauen auf jedes Klotzes Fall;
Das Blutgerüst hallt dumpfer nicht dem Bösen!
Mein Geist ist gleich dem Turme, den der Prall
Des schweren Sturmbocks brach nach vielen Stößen.

Mir scheint, gewiegt von dieses Halls Geläute,
Man nagle hastig Särge hier und dort . . .
Für wen? . . . Noch gestern Sommer, Herbst ist heute!
Der dunkle Laut tönt wie ein Abschied fort.

2

Ich liebe deiner Mandelaugen grünen Schimmer,
Doch heut ist alles, Holde, bitter um mich her,
Und nichts, dein Lieben nicht, nicht dein Kamin und Zimmer,
Vergleicht sich mir der Sonne Leuchten auf dem Meer!

Und doch sollst du mich lieben, zartes Herz! – O küsse
Als Mutter auch den Undankbaren, sei nicht strenge!
Geliebte oder Schwester, sei die kurze Süße
Des Herbsts im Glanze und der Sonnenuntergänge!

Wie kurz dies Tun! Die Grube wartet gierig schon!
Ach, lasse mich die Stirn in deinem Schoße haben
Und, weinend um des starren Sommers weißes Lohn,
An Spätjahrs sanftem gelbem Strahl mich laben!

Weihgeschenk im spanischen Geschmack

Ich baue dir, Marie, Geliebte freier Wahl,
Nun einen Altar in den Klüften meiner Qual
Und höhle dann im Ruß in meines Herzens Ecken,
Die vor dem Spott und vor der Lust der Welt verstecken,
Mir eine Nische, wo von Blau und Gold es quillt
Und du verweilen sollst, beseligt Wunderbild.
Mit Versen ohne Fehl, Gespinsten aus Metall,
Die hohe Kunst besternt mit Reimen von Kristall,
Bereit ich für dein Haupt dir eine Strahlensonne;
Aus meiner Eifersucht, o sterbliche Madonne,
Schneid einen Mantel ich nach roher Zeiten Art,
Mit Argwohn ausgesteppt, und der von Schwere starrt
Und wie ein Schilderhaus dich einschließt vor den Blicken;
Statt Perlen will ich ihn mit meinen Tränen sticken.
Dein Kleid wird meine Gier, die züngelt und die bebt,
Ja, meine Gier, die an dir auf und niederschwebt,
Sich auf den Spitzen wiegt und in den Tälern ruht,
Und deinen Leib beflort ihr Kuß mit Rosenglut.
Aus meiner Ehrfurcht macht, Demütigung zu leiden,
Für deinen Götterfuß ich einen Schuh aus Seiden,
Der ihn in weicher Haft sanft eingefangen hält
Und seinen Abdruck wie die treuste Form behält.
Und kann, trotz meiner Kunst, ich nicht mit meinem Stichel
Aus Silber dir zum Tritt aushaun des Mondes Stichel
Leg ich die Natter doch, die mein Geweide beißt,
Dir untern Fuß, auf daß du trittst und höhnst und reißt,
O Fürstin, nimmer müd, die Sünder zu erkaufen,
Dies Ungetüm, das schwillt von Haß und Unrathaufen;
Und die Gedanken mein – wie Kerzen aufgereiht
Vorm Flore des Altars deiner Jungfräulichkeit,
Mit Widerschein besternend hoher Wölbung Blauen –

Mit unverwandtem Aug aus Feuer dich beschauen.
Weil alles in mir dich liebkost und dich verehrt,
Mir alles sich in Duft von Spezereien kehrt;
Und immer, First von Schnee du, wird in Reigen
Von Dämpfen meines Geists Gewitter zu dir steigen.

Um zum Marienbild dich völlig zu erheben
Und Urweltgrausamkeit der Liebe beizugeben,
Will aus der Sünden Vollzahl ich – o schwarze Lust –,
Ein Henker unterm Biß der Reue, deiner Brust
Ich sieben Messer machen, scharfe, und, dem Schützen
Im Zirkus gleich, dein Herz zu meiner Scheibe nützen
Und alle sieben schleudern in dein Herz, das flutet,
Dein Herz, das zuckt . . . dein Herz, das schluchzt . . .

                              dein Herz, das blutet!

GESANG AM NACHMITTAG

Wenn auch deine grausamen Brauen
Dir geben ein seltsam Gesicht,
Dem alles von Engeln gebricht,
Du Hexe vom lockenden Schauen,

So beug ich vor dir doch das Knie,
Du furchtbarer Brünste Beglückung,
Wie je seines Herzens Verzückung
Ein Priester zum Gottesbild schrie.

Die starrenden Flechten durchwehen
Mit Balsamduft Wüste und Tann;
Du wiegst nur dein Haupt, und im Bann
Geheimnis und Rätsel erstehen . . .

Und über dein Fleisch streicht der Duft
Wie rings um das Rauchfaß die Schwaden;
Mit dämmernder Glut der Najaden
Berückst du wie Abendluft.

Was kann mir ein Liebestrank geben,
Wo du dich in Wohligkeit reckst,
Und wenn du Liebkosungen heckst,
Erwecktest du Tote zum Leben . . .

Dein Rücken begehrt sich in Brunst
Den Brüsten, den Hüften zu einen;
Dein Kissen will jauchzen und weinen,
Renkst du dich in zärtlichster Kunst.

Zu lindern die Glut, deren Müssen
Zu deuten du selber nicht lernst,
Versuchst du verschwendend dich ernst
Bisweilen in Bissen und Küssen.

Mit Lachen, das niemand verschont,
Zerreißt du die Brust mir, o Braune,
Dann wirft auf mein Herz deine Laune
Ein Auge so sanft wie der Mond.

Und unter die seidigen Füße
Und unter den schimmernden Schuh
Stell ich meine Wonne und tu
Dazu meines Schicksals Beschlüsse –

Gesundete Seele zumal,
Gesundet durch dich, farbig Leuchten,
Du wärmender Blitz in dem feuchten
Und eisigen Land meiner Qual.

Stellt euch Diana vor, umschwärmt von bunten Reitern,
Die durch die Wälder fegt und über Hecken setzt,
Das Haar, die Brust im Wind, und trunken von dem heitern
Gelärm der Jagd den besten Reiter müde hetzt!

Saht ihr die Méricourt, verliebt in Blut und Morden,
Wie sie barfüßig Volk zum Sturm des Bollwerks rief
Und – selber Einsatz – dann entflammt am Schrei der Horden,
Den Säbel hoch, hinauf die Königstreppe lief?

So ist Sisina! Doch die holde Kriegerin
Hat immer gleichviel huld- als mordgewillten Sinn;
Tobt auch ihr Mut im Qualm und wenn die Trommeln
                                          schlagen,

Kann vor den Flehenden er doch die Waffen senken,
Und immer mag dies Herz, durch das die Flammen jagen,
Dem Würdigen aus seiner Tränen Vorrat schenken.

FRANCISCAE MEAE LAUDES

Novis te cantabo chordis,
O novelletum quod ludis
In solitudine cordis.

Esto sertis implicata,
O femina delicata
Per quam solvuntur peccata!

Sicut beneficum Lethe,
Hauriam oscula de te,
Quae imbuta es magnete.

Quum vitiorum tempestas
Turbatat omnes semitas,
Apparuisti, Deitas,

Velut stella salutaris
In naufragiis amaris . . .
Suspendam cor tuis aris!

Piscina plena virtutis,
Fons aeternae juventutis,
Labris vocem redde mutis!

Quod erat spurcum, cremasti;
Quod rudius, exaequasti;
Quod debile, confirmasti.

In fame mea taberna,
In nocte mea lucerna,
Recte me semper guberna.

Adde nunc vires viribus,
Dulce balneum suavibus
Unguentatum odoribus!

Meos circa lumbos mica,
O castitatis lorica,
Acqua tincta seraphica;

Petera gemmis corusca,
Panis salsus, mollis esca,
Divinum vinum, Francisca!

Im duftgetränkten Lande, das die Sonne minnt,
Sah unter Baldachin von Purpurbaum und Palmen,
Von den' der Trägheit Süße zu den Wimpern rinnt,
Ich eine Frau – und keiner singt der Schönheit Psalmen . . .

Ihr Ton ist matt und warm; die braune Zauberin
Wiegt ihren Hals in edlen Brauchs geziertem Drille,
Ist groß und schlank und hat den Schritt der Jägerin.
Ihr Blick ist fest und ihres Lächelns Blüte Stille.

Zögt, Herrin, Ihr ins echte Land von Sieg und Kranz,
Zum Strand der Seine oder zu der Loire Grün,
Ihr schön genug zu höhn der alten Schlösser Glanz,

Da würden wohl durch Euch im Schein von Silbermonden
Viel tausend Lieder in der Dichter Herzen blühn,
Die Euren Augen mehr als Eure Neger fronten.

MOESTA ET ERRABUNDA

Sag mir: entfliegt dein Herz bisweilen auch, Agathe,
Dem schwarzen Meere der unreinen Stadt, hinan
Zu eines andern Meers hellerleuchtendem Achate,
Blau, klar und tief wie nur der Keuschheit Ozean?
Sag mir: entfliegt dein Herz bisweilen auch, Agathe?

Das Meer, das weite Meer ist unsrer Mühsal Trost!
Doch welcher Troll verlieh des rauhen Barden Tönen,
Zu dem der Winde Groll aus Riesenorgeln tost,
Die Kraft des Wiegenlieds mit Schlaf uns zu versöhnen?
Das Meer, das weite Meer ist unsrer Mühsal Trost!

Nimm, Wagen, du mich mit! Entführe mich, Fregatte!
Weit fort, ja weit! Hier speist die Träne nur den Kot . . .
– Raunt nicht bisweilen dir dein traurig Herz, Agathe:
Fort von der Reue Dorn, von Untat, Schmerzensnot
Nimm, Wagen, du mich mit! Entführ mich, Fregatte!

Wie bist du ferne nun, du Paradies voll Duft,
Wo unter lichtem Blau nur Liebe webt und Wonne,
Wo alles, was du liebst, zurecht nach Liebe ruft,
Wo unser Herz ertrinkt in reinster Lüste Bronne!
Wie bist du ferne nun, du Paradies voll Duft!

Das grüne Paradies der jungen Liebesfreuden,
Die Spiele, Lieder, Küsse und der Blumenstrauß,
Der Geigen hinterm Hang erregendes Vergeuden,
Die Krüge Weins vor Nacht im kleinen Gartenhaus,
– Das grüne Paradies der jungen Liebesfreuden,

Unschuldig Paradies, verstohlenen Glückes Hag,
Ist es denn ferner schon als fernstes Land im Osten,
Ob es denn wohl ein Wehlaut wiederbringen mag?
Erweckt ein Silberklang vielleicht aus Nacht und Frosten
Unschuldig Paradies, verstohlenen Glückes Hag?

DER WIEDERGÄNGER

Wie die Engel, deren Augen versehren,
Will in deinen Alkoven ich kehren,
Mit den Schatten der Nacht verschwiegen
Mich sachte an dich schmiegen.

Dort geb ich, o Braune, dir Küsse
So kalt wie des Mondlichts Ergüsse;
Mein Arm dich wie Schlange umflicht,
Die rings um den Graben kriecht.

Und kam der fahle Morgen her,
Findst meinen Platz du wieder leer;
Dort wird bis Abend Kälte hausen.

Wie andere mit Zartheit tun,
Will ich dir Leben, Jugend nun
Beherrschen durch das Grausen.

HERBSTSONETT

Mich fragt dein Auge und sein Schimmer blinkt kristallen:
»Was ist, seltsamer Liebender, für dich mein Wert?«
– Sei schön und schweig! Mein Herz, das jedes Ding beschwert,
Nur nicht uralter Tierheit unverstelltes Lallen,

Läßt dir sein höllisches Geheimnis nicht erscheinen,
Nicht seiner dunklen Märe Flammenschrift. O Hand,
Du wiegende, die mir die langen Schlummer fand,
Ich hasse Leidenschaft, und Geist bringt mich zum Weinen.

Komm, lieben wir uns sanft. Aus seinem Hinterhalte
Spannt Eros düster brütend seinen Schicksalsbogen . . .
Sein Köcher starrt; ich kenn die Pfeile: Wahnsinn, Leiden,

Verbrechen, Graun . . . Du fahle Perle, sind wir beiden
Nicht Sonnen, die im Wehn des späten Herbstes wogen?
Sprich, Margarete, du so weiße, du so kalte!

Der Mond träumt heut in wohligerer Träge:
Wie eine Frau auf vielen Kissen liegt
Und vor dem Schlummer leicht zerstreuter Rege
Die Hand um ihres Busens Wölbung schmiegt,

Ergibt er auf der Wolken Seidenschimmern
Sich sterbend langer Ohnmacht Schauern hin
Und schaut ringsum, wo weiß Gesichte flimmern
Aus dem Azur, ein Blütenbaldachin,

Läßt in dem lassen Schmachten er zuweilen
Zur Erde heimlich eine Träne eilen,
Fängt fromm ein Dichter, dem kein Schlummer tauge,

In seiner hohlen Hand die Träne fahl
Und regenbogenfarben wie Opal.
Dann birgt sein Herz sie fern der Sonne Auge.

DIE KATZEN

Die strengen Weisen und die Liebesvollen,
Sie mögen beide in der Reife Zeit
Die üppigen Katzen, Stolz der Häuslichkeit,
Die wie sie seßhaft sind und Wärme wollen.

Nach Wissen gierig und nach tiefen Lüsten
Sind ihnen lieb das Schweigen und die Nacht;
Zu Rennern hätte Hades sie gemacht,
Wenn sie der Knechtschaft sich zu beugen wüßten.

Beim Sinnen haben sie den edlen Stand
Der Sphinxe, die am Saum der großen Stillen
Sich reihn in Schlaf voll Träumen ohne Ende;

Von Zauberfunken sprüht die trächtige Lende,
Und goldener Splitter Spreu, wie feiner Sand,
Besternt das Weltgeheimnis der Pupillen.

Unter des Tanns schattendem Dach
Sitzen in Reihn Eulen gebannt,
Gottheiten gleich fremd diesem Land,
Glühenden Augs. Sie denken nach.

Bleiben in Ruh, regen sich nicht
Bis zur herzzehrenden Zeit,
Da in des Lichts Todeinsamkeit
Herrscherlich ein Dämmerung bricht.

So lehren sie Weisen den Schluß,
Daß er allhier fernhalten muß
Drängende Gier, jähe Bewegung.

Immer vertreibt das Paradies
Ihn, den berauscht Schattenbilds Regung
Und drum ein Wunsch aufbrechen hieß.

DIE PFEIFE

Bin eines Dichters Pfeife. Taucht
Den Blick in mein Gesicht – es ist
Von Mohrenfarbe – und dann wißt
Ihr, daß mein Herr viel Tabak raucht.

Ist er von Schmerz erdrückt und still,
Dann rauche ich wie nur der Herd
Des Bauern, der zum Acker fährt
Und nachher warmes Essen will.

In meines Netzes blauem Faden,
Den flink mein Feuermund vergaukelt,
Sich seine Seele fängt und schaukelt.

Der Drudenfuß in meinen Schwaden
Berückt sein Herz, daß es den Geist
Aus aller Mühsal Krankheit reißt.

Es faßt Musik und trägt mich oft gleich einem Meer
   Zu meinem bleichen Stern;
Ist frei der Äther oder lasten Nebel schwer –
   Ich hiß mein Segel gern.

Die Lungen voll und prall, die Brust nach vorn gespannt
   Wie Segel windgefüllt,
Ersteige ich der aufgetürmten Wogen Wand,
   Die mir die Nacht verhüllt.

Ich fühle Leidenschaft und Qual in mir erzittern
   Des Schiffs, das leidet, und
Mich wiegen guter Wind, das Tosen von Gewittern

   Auf bodenlosem Grund.
– Oft ist sie Spiegel, weit und flach, ich seh darin,
   Wie ich verzweifelt bin.

GRABLEGE

Wenn einst bei schwerer Nacht, o Weib,
Ein Christ, in dem Erbarmen lebt,
Deinen so viel gerühmten Leib
Still hinterm alten Turm begräbt,

Wird doch zur Stunde, wo im Fliehn
Der keuschen Sterne Wimper fällt,
Die Spinne ihre Netze ziehn
Und Schlangen bringen Brut zur Welt.

Dann hörst du wohl jahraus jahrein
Ob deinem Haupte Wölfe schrein
In Klagelauten und die Druden,

Die hungrig sich zu Gaste luden;
Hörst geiler Greise Missetaten
Und Gauner lichtscheu sich beraten.

PHANTASTISCHE RADIERUNG

Dies seltsame Gespenst hat nichts an seinem Leib,
Als um die Knochenstirn, und wie zum Zeitvertreib
Schief auf, ein Diadem, das recht an Fastnacht wäre,
Hetzt ohne Sporn und Stock zuschanden eine Mähre,
Die aus den Nüstern Schaum Besessener erbricht,
Ein Spuk, dem Schindergaul gleich aus dem Weltgericht.
Die Hufe hämmern auf dem Ritt durch Raum und Zeit,
Wie es der Zufall will, auf die Unendlichkeit.
Der Reiter schwingt ein Schwert, aus dem die Lohe flammt,
Ob namenlosem Volk, das sein Galopp zerrammt,
Durchprescht wie ein Bojar, der sein Gefolg beschaut,
Des Totenangers Frost, dem keine Ferne blaut,
Und wo im stumpfen Glanz von fahler Sonne Lodern
Die Völker aller Zeit der Weltgeschichte modern.

DER FROHE TOTE

In einem Boden fett und voller Schnecken
Grab ich mir selber eine Grube leer;
Dort kann nach Lust ich alte Knochen strecken,
Im Schlaf vergessen wie der Hai im Meer.

Ich hasse Grüfte wie die Testamente!
Viel lieber lüd ich mir die Raben ein,
Eh ich zur Welt um eine Träne flennte,
Bei Lebzeit mir den Leib zu benedein.

O Würmer, Freunde ohne Aug und Ohr,
Da kommt ein Toter, der euch frank erkor!
Ihr freien Weisen, der Verwesung Künder,

Durchkriecht meinen Zerfall, vergnügte Schinder,
Und sagt, ob diesem Leib, seellos und tot
Bei Toten, noch etwas wie Marter droht!

DIE TONNE DES HASSES

Der Danaiden Tonne ist der Haß.
Mag Rache toll mit starkem rotem Arme
In schwarze Leere stürzen Maß für Maß
Die Eimer voll der Toten Blut und Harme –

Geheim zerbohrt Satan das Bodenlose . . .
Da flößen tausend Jahre Schweiß davon,
Erweckte sie auch neu aus ihrem Schoße
Zum Keltergang der Opfer Legion.

Ein Säufer in der Kneipe ist der Haß,
Dem jeder Tropfen neuen Durst entbrennt,
Verdoppelt hydragleich durch volles Glas –

Nur daß der Trinker den Bewzinger kennt
Und Haß das fürchterliche Los gewann,
Daß nie er unterm Tisch entschlummern kann . . .

DIE GESPRUNGENE GLOCKE

Wie bitter und süß, kann man winters zur Nacht
Vor rauchenden Feuerbrands loderndem Rauschen
Beim Turmglockenspiel, das im Nebel erwacht,
Der fernen Erinnerung Tritte belauschen.

O selig die Glocke mit kraftvollem Schlunde,
Die trotz ihres Alters gesund, auf die Stadt
Die heiligen Losungen ruft jede Stunde,
Wie einsam auf Schildwacht ein alter Soldat!

Die Seele zersprang mir . . . Belebt ihre Qual
Der Nacht kalte Lüfte mit ihrem Choral,
Gleicht oft ihre Stimme, ermattet und laß,

Dem Röcheln des Wunden, den spät man vergaß,
Vergraben in Leichen, der blutmeerumflutet
Und reglos in grausiger Mühsal verblutet.

TRÜBSINN

Dem Leben feindgeworden gießt der Regenmond
In Strömen dämmerigen Frost aus seiner Tonne
Auf bleiches Volk, das nah am Gottesacker wohnt,
Und Todeskeime auf die Vorstadt ohne Sonne.

Mein Kater, der am Boden eine Liege sucht,
Führt ruhelos die Räude seines Leibs spazieren.
Des alten Dichters Geist durchirrt die Dächerflucht
Und wimmert traurig wie Gespenster, wenn sie frieren.

Die Stundenglocke jammert und ein Holzscheit schwelt,
Begleitet im Falsett die Uhr auf der Konsole,
Indes in einem Spiel, das faule Rüche hehlt,

Die von dem Tod der wassersüchtigen Alten rühren,
Pikdame und Herzbube böse und frivole
Gespräche über ihre toten Lieben führen.

Ich weiß so viel, als wär ich tausend Jahre alt.

Ein Schrank mit alten Abrechnungen vollgeballt,
Mit Versen, Akten, Liebesbriefen und Romanzen
Und schweren Locken, eingewickelt in Bilanzen,
Birgt weniger Geheimnis als mein Hirn beruft.
O diese Pyramide, diese Riesengruft,
In der mehr Tote als im Massengrabe liegen!
Ich bin ein Friedhof, dem des Mondlichts Gnaden schwiegen,
Wo lang Gewürme kriecht, wie ein Gewissen plagt,
Und immerdar an meinen liebsten Toten nagt.
Ich bin ein alt Gelaß, wo welke Rosen zittern,
Verjährte Kleider haufenweise sich zerknittern,
Ein weinerlich Pastell, ein zarter Fragonard
Allein den Duft noch atmen, der im Fläschchen war.

Nichts gleicht an öder Länge diesen Hinketagen,
Wenn unter schneeiger Jahre schwerem Flockenjagen
Die Frucht der Wissensunbegier, Verdrossenheit,
Sich auswächst in den Maßen der Unsterblichkeit.

Du bist von nun an weiter nichts, o Stoff mit Leben,
Als nur ein Klotz, den Dünste schwanken Grauns umschweben,
Der tief in einer Sahara voll Nebel steckt,
Ein alter Sphinx, von leichter Welt noch nicht entdeckt,
Noch unvermessen, dessen wilder Sinn allein
An Singen denkt bei toter Sonne letztem Schein.

TRÜBSINN

Ich bin dem König gleich von Landen feucht und kalt,
Der reich, doch machtlos ist, jung und dabei sehr alt,
Und laß von seiner Lehrer Unterwürfigkeiten
Sich langeweilt im Hundezwinger und beim Reiten.
Nichts, Falke nicht noch Damhirsch, ihm zur Freude frommt,
Noch daß sein Volk ihm unter dem Balkon verkommt.
Es kann dem Siechen Possensang des Lieblingsnarren
Nicht lösen fahler Stirne grausames Erstarren;
Zum Grabe ward das wappenbunte Bette schon;
Des Hofes Fraun, den' schön ist jeder Königssohn.
Sie können keine geilern Kleider mehr erfinden,
Dem jungen Beingeripp ein Lächeln zu entbinden.
Der Weise, der ihm Gold macht, selbst hat nicht vermocht,
Aus ihm zu bannen, was vergiftend in ihm kocht,
Und auch im Blutbad, das die Römer uns vererbten
– Des, alternd, Fürsten sich erinnern, die verderbten –
Gelang ihm nicht, zu wärmen diesen Leichnam stumpf,
Statt Bluts gefüllt mit grünem Saft aus Lethes Sumpf.

TRÜBSINN

Wenn niedrer Himmel schwer wie Deckels Last
Den Geist erdrückt, den lang Verdruß belicht,
Des Horizontes ganzen Kreis umfaßt
Und Tag noch schwärzer als die Nacht erbricht;

Wenn Erde nun ein feuchter Kerker ward,
Drin Hoffnung, flatternd wie die Fledermaus,
Die Wände streift mit ihrem Flügel zart,
Das Haupt sich stößt am Dach des Moderbaus;

Wenn Regen ohne Ende niederrinnen,
Gefängnisgittern gleich wird streifig Triefen,
Und stumme Völker schmachbeladner Spinnen
Die Netze ziehn in unsrer Hirne Tiefen –

Geschieht, daß jähe Glocke rasend wird
Und wirft zum Himmel schauerliches Dröhnen –
Wie Geist, der ohne Heimat ist und irrt,
Hartnäckig ausbricht in ein lautes Stöhnen;

Und Leichenzüge ohne Sang sich stauen
Beim Zug durch meine Seele . . . Dann, beraubt,
Weint Hoffnung mir, und gnadenloses Grauen
Pflanzt schwarz sein Banner auf gebeugtes Haupt.

O Wald, der mich schreckt wie der Dome Geheimnis!
Der Orgel gleich heulst du, mein Herz in Verderben
– Haus ewiger Trauer, durchzittert von Sterben –
Hallt antwortend Echo auf dein de profundis.

Ich hasse dich, Meer! Denn dein Bäumen und Krachen,
Ich find es in mir. Und des Manns, den sie fällten,
Vergälltes Gelächter voll Schluchzen und Schelten –
Ich hör es in deinem unendlichen Lachen.

Wie gefielst du mir, Nacht – wenn an dir ich nicht fände
Nur Sterne, die reden, was lang ich gewußt!
Denn ich suche im Leeren und Finstern die Lust . . .

Doch grade die finstersten Leeren sind Wände,
Wo, tausendfach aus meinen Augen gerissen,
Verschollene leben mit Blicken, die wissen.

DIE LUST AUF DAS NICHTS

Du düstrer Sinn, du einst so kampferpicht!
Die Hoffnung, deren Sporn dir Gluten fachte,
Will dich nicht reiten mehr. Komm, leg dich sachte,
An allem strauchelnd Pferd, und schäm dich nicht.

Schlaf deinen stumpfen Schlaf und tu Verzicht!

Besiegter, müder Sinn, seit je Vagant,
Dir mag nicht Liebe und nicht Streit mehr schmecken;
Lebt wohl, Geschluchz der Flöten, Klang der Becken!
Versuch nicht mehr dies spröde Herz, o Tand!

Längst floh der Duft des Frühlings Götterland!

Die Zeit verschlingt mich mehr mit jedem Hall,
Wie Haufen Schnees Erfrorenen verwehen.
Ich will nach keiner Hütte Schutz mehr spähen,
Von oben her betrachte ich den Ball . . .

Lawine, reißt du mich in deinen Fall?

ALCHIMIE DES SCHMERZES

Der macht, Natur, mit seiner Glut dich licht,
Der andere senkt in dich seine Trauer.
Was zu dem einen: Ich bin Grube! spricht,
Sagt zu dem andern: Ich bin Glanz und Dauer!

O ungekannter Hermes, der du bei
Mir stehst und immer ließt in Furcht mich wandeln,
Du machst, daß ich – ein andrer Midas – sei
Der ärmste derer, die den Stoff verwandeln.

Durch dich das Gold ich Eisen werden ließ,
Zur Hölle wandle ich das Paradies;
Und in der weißen Wolken Totenbinde

Ich ständig einen teuren Leichnam finde,
Und auf der Himmelsufer lichten Auen
Muß ich die großen Sarkophage bauen.

SCHRECKNIS DIE MIR LIEB IST

Aus dieses Himmels wirrem Fahl,
Gepeitscht wie je dein Schicksal, münden
In deiner Seele leeren Gral
Gedanken doch? Willst du sie künden?

– Denn nimmersatte Gierden brennen
Nach Dunkelheit und Ungewiß,
Wird nicht wie ein Ovidius flennen,
Den man aus Latiums Garten riß.

Ihr Himmel, wund wie Ufersand,
Seid Spiegel meinem Stolz; das weite
Gewölk in eurer Trauer Flor

Ist meiner Träume Grabgeleite,
Und euer Leuchten Widerbrand
Von Höllen, die mein Herz erkor.

DER HEAUTONTIMORUMENOS

Für J. G. F.

Ganz ohne Zorn will ich dich schlagen
Und Haß, will wie der Schlächter sein,
Wie Moses schlug an seinen Stein.
Aus deiner Wimper will ich jagen,

Daß meiner Wüste Glut verglimmt,
Des Leidens Wasser. Mein Begehren
Von Hoffnung prall auf deiner Zähren
Mit Salz gewürzten Wogen schwimmt,

Wie Schiffe sich ins Weite wagen.
Dein Schluchzen, das mich trunken macht,
Erdröhnt in meines Herzens Schacht
Wie Trommeln, die zum Sturme schlagen.

Bin ich denn nicht das Ärgernis
Im Fug von Gottes reinen Tönen,
Weil nimmersatte Gier zu höhnen
Mich schüttelt und zerbiß?

Sie kreischend meinen Mund entsiegelt,
Mein Blut schwärzt ihres Giftes Fraß;
Ich bin nur mehr das trübe Glas,
In dem die Hexe sich bespiegelt!

Ich bin die Wunde, bin der Stahl,
Ich bin der Streich und bin die Wange,
Ich bin das Glied und bin die Zange
Und bin der Quäler und die Qual!

Am eigenen Herzen muß ich saugen –
Bin von der Ausgestoßenen Schar,
Die lachen müssen immerdar
Und niemals mehr zum Lächeln taugen!

DAS UNHEILBARE

1

Ein Denkbild, ein Wesen, entflogen
Vom hohen Azure, verlor
Sich bleiern in stygischem Moor,
Den Augen des Himmels entzogen;

Ein Engel von schweifendem Mut,
Versucht von der Lust nach dem Queren,
Muß saugenden Alps sich erwehren
Wie Schwimmer der ziehenden Flut,

Schlägt um sich – o furchtbar Gehämmer! –
Sich stemmmend des Soges Gewalt,
Und singend wie Irre durchwallt
Er wirbelnden Sturzes das Dämmer;

Ein Armer, der selbst sich verflicht
Im eigenen tappenden Bangen,
Zur Flucht aus dem Pfuhle der Schlangen
Auf Suche nach Schlüssel und Licht;

Verdammter befährt ohne Lampe
Den Schacht, dessen Brodem verrät
Die triefende Tiefe, und geht
Den endlosen Stieg ohne Rampe,

Wo schleimig ein Ungetüm wacht
Mit Augen, die phosphoren brennen;
Sie selber nur kann man erkennen,
So dunkelt vor ihnen die Nacht;

Ein Schiff in dem Pole verhangen
Wie in einem Fang von Kristall,
Das sucht, welcher zwingende Drall
Es in diesem Kerker verfangen –

Nur Zeichen und Bilder, erdacht
Für heilloses Schicksal . . . Nun glaube
Noch einer, der Teufel sei taube
Und mache nicht gut, was er macht!

2

Zwiegespräch dunkel und licht,
Herz, das zum Spiegel sich ward!
Wahrheitsborn lauter und trüb,
Fahl bebt ein Stern in dem Schacht:

Höllisch und höhnend Fanal,
Teuflischer Gnaden Geleucht,
Losspruch und einziger Strahl –
Übeltuns wissend Gericht . . .

DIE UHR

O Uhr, du düstrer Gott, gleichmütiger, voll Schrecken,
Dermit dem Finger droht und spricht: »Erinnre dich!« –
In deine Brust wird jäh wie in die Scheibe sich
Der Schmerz einbohren und ausschwingend darin stecken.

Der Freude Duft wird fliehn zu Horizonten weit,
Dem Luftgeist gleich, der in der Bühne Grund zerronnen;
Ein jeder Augenblick frißt dir ein Stück der Wonnen,
Die jeder haben darf für eine Lebenszeit.

Dreitausendsechshundertmal zischelt die Sekunde
»Erinnre dich!« dir in der Stunde zu. Das Jetzt
Sagt: »Ich bin Einst!« – und zirpt wie ein Insekt, das wetzt –
»Und sog am Leben dir mit meinem Unratmunde!«

Remember! Denk daran, du Wicht! Esto memor!
(Mein Eisenmund kann so in allen Zungen hadern . . .)
Minuten sind, o Narr, der stirbt, erbohrte Adern!
Gib sie nicht auf, hol erst das Gold daraus hervor!

Erinnre dich: es muß die Zeit im Spiel gewinnen
– So will's der Fug – ohne Betrug bei jedem Stich;
Der Tag nimmt ab . . . Die Nacht nimmt zu . . . Erinnre dich!
Der Schacht hat immer Durst und seine Kammern rinnen.

Dann schlägt die Stunde, wo des Zufalls Majestät,
Die Tugend – unberührt Gespons in deinem Bette! –,
Wo selbst die Reue (o! du letzte Einkehrstätte!),
Wo alle rufen: »Stirb, du Feigling, s'ist zu spät!«

PARISER BILDER

Um keuschen Sinns zu dichten meine Hirtenlieder,
Leg ich wie Sterndeuter mich nah am Himmel nieder;
Der Türme Nachbar lausch ich, wenn die Glocke schwingt,
Im Traume dem Choral, den sie den Winden singt.
Die Hand am Kinn seh ich aus meinem hohen Zimmer
Der Werkstatt Schwatz und Sang, die Schornsteine und immer
Euch Glockentürme, die ihr der Städte Masten seid,
Und weite Himmel, die uns träumt die Ewigkeit.

Es ist so süß, durch Dunst zu schauen, wie die Sterne
Am Himmel aufgehn und die Lampen in der Ferne
Am Fenster blühen, Rauch im Schwall zum Himmel steigt,
Und uns der Mond sein bleiches Zauberantlitz neigt.
Dort spenden Frühling, Sommer, Herbst mir ihre Weihen;
Und kommt der Winter dann mit seinem öden Schneien,
Dann werden überall die Läden zugemacht,
Und ich bau meine Feenschlösser in die Nacht.
Dann träume ich von Fernen fahl in blauen Scheinen,
Von Gärten, Brunnen, die in Marmorbecken weinen,
Von Küssen, Vogelsang des abends, in der Frühe,
Und was an Kindersinn in Schäferspielen blühe.
Der Aufruhr macht umsonst mir meine Fenster beben:
Er wird mir nicht die Stirn von diesem Pulte heben –
Denn mich umhüllt der Wonneschauer, daß ich still
Den Frühling auferwecken kann, nur weil ich will,
In meinem Herzen Sonnen, die nicht untergehen,
Aus meines Denkens Brand ein leichtes, laues Wehen.

DIE SONNE

Entlang der alten Vorstadt, wo die Fensterscheiben
Der Vorhang deckt, damit geheim die Laster bleiben –
Dann, wenn die Sonne hart mit Doppelstrahlen trifft
Die Dächer und die Flur, die Stadt und grüne Trift –
Da üb ich mich allein in meinem Spiegelfechten;
In allen Ecken spür ich, ob sie Reime brächten;
Auf Worten stolpernd wie auf einem Straßendamm
Greif manchen Vers ich auf, der lang durch Träume schwamm.

Ja, dieses Feinds der Bleichsucht väterliches Kosen
Erweckt die Verse auf den Feldern wie die Rosen;
Er macht aus Sorgen Dunst und hebt sie zum Gestirn
Und füllt den Bienenstock und füllet das Gehirn.
Er macht noch einmal jung die Greise an den Krücken
Und kann wie Mädchen sie mit Fröhlichkeit beglücken;
Er heischt, daß wachse und daß reife jede Saat,
Die unser Herz – es blüht unsterblich – grünen hat.
Steigt wie ein Dichter er hinunter in die Städte,
Macht adlig er das Los der kümmerlichsten Stätte
Und zieht als König ein, doch ohne Lärm und Troß,
In jedes Hospital und jedes Fürstenschloß.

AN EINE ROTHAARIGE BETTLERIN

Mädchen weiß im Rotgelock,
Deren schlimm zerfetzter Rock
Sehn läßt alle Armut schier
   Und Schönheit mir,

Deinem bleichen Dichter ist
Dieser Leib, den Krankheit frißt
In der braunen Sprossen Gold
   So seltsam hold.

Trägst doch die Pantinen du
Freier als den samtnen Schuh
Eine Fabelkönigin
   Im Hermelin.

Daß für schlechten Lumpentand
Schleppe wogend Hofgewand
Rauschend in der Falten Fluß
   Um deinen Fuß;

Daß statt Strumpfes Löcherpracht
Zu der Herrn Verführer Acht
Goldner Dolch an deinem Bein
   Blinke fein;

Daß für unsre Sündenschuld
Durch gelöste Locken Huld
Deiner Brüste schimmernd bricht
   Wie Augenlicht;

Daß dein Arm auf drängend Flehn
Warte, an das Kleid zu gehn,
Und in munterem Zorn verbannt
   Zu dreiste Hand –

Suchten Perlen reinsten Lichts,
Verse feilen Lobgedichts,
Von verstockter Freierschaft
   Für dich gerafft,

Alle Reimer im Revier,
Widmend ihren Erstling dir,
Haschend deiner Schuhe Spur
   Im Treppenflur,

Pagen, in den Wandelstern
Ihres Tags verliebt, und Herrn
Hoch von Stand und Dichter keck
   Dein frisch Versteck.

Deine Betten hehlten dir
Küsse mehr als Wappenzier,
Zwängen manchen Königssohn
   In deine Fron!

– Doch du strolchest mit dem Pack,
Kramst in deinen Bettelsack
Reste Brotes aus dem Dreck
   Am Straßeneck;

Schaust im Gehn, und schielst dazu,
Schmuck dir an für zwanzig Sous,
Den ich, leider! nicht mal dann
   Dir schenken kann.

Zieh denn ohne andern Staat,
Perlen, Wohlgeruch, Brokat,
Nur in magerer Nacktheit Zier,
    Du Schöne mir!

DER SCHWAN

Für Victor Hugo

1

Andromache, ich denk heut dein! Dies kleine Wasser,
Ein Spiegel trüb und arm und dereinst leuchtend voll
Von deines Witwenleids so ungeheuer blasser
Erlauchtheit, das die Flut aus deinen Tränen schwoll,

Simois brachte jäh zum Fruchten mein Gedächtnis,
Als vor dem Louvre ich durch neue Bauten strich.
Paris, das alte, ist nicht mehr (Bild und Vermächtnis
Der Städte wandeln eh'r, ach! als die Herzen sich);

Im Geist nur seh ich noch die Buden und in Haufen
Begonnen Werk von Kranz und Säulenfuß, das Gras,
Von Regenlachen grün die Blöcke angelaufen
Und an den Fenstern bunt Geflimmer in dem Glas.

Dort stand ein Zirkus; und dort sah einmal, zur Stunde,
Wo unterm Morgenflor in kalten Himmels Licht
Die Arbeit aufwacht, wo vom Schinderplatz im Grunde
Ein dunkles Wetter in der Lüfte Schweigen bricht,

Ich einen Schwan, der, aus dem Käfig ausgebrochen,
Am Pflaster blutig rieb der Füße Fächerzier,
Und seine Schwingen weiß über den Schotter krochen.
Bei einem leeren Bachbett öffnete das Tier

Den Schnabel, badete im Staube sein Gefieder
Und sprach, das Herze voll vom See, der es gewiegt:
»Wann regnest, Wasser, du? Und, Blitz, wann fährst du nieder?«
Dies seltsam Schicksalsbild, das viele Deutung gibt,

Den Armen, seh ich, wie Ovidens Mann sich strecken
Zum Himmel grausam blau und voller Hohn und Spott
Und an verkrampftem Hals den gierigen Schnabel recken,
Als schösse er des Vorwurfs Pfeile gegen Gott!

2

Paris wird anders! Doch in meiner Schwermut Wehen
Blieb alles gleich. Gerüst, das Alte, Neuerung
Sind mir nur Bilder und sie lehren mich verstehen,
Und schwerer als ein Felsblock drückt Erinnerung.

So läßt vor diesem Louvre ein Bild mich düster werden:
Ich denk an meinen Schwan, so hehr als lächerlich
Wie die Verbannten mit der Irren Wahngebärden,
Verzehrt von Sehnens Unruh endlos – und an dich,

Andromache, die von der Brust des Heldengatten
Wie stumpfes Vieh verfiel des Pyrrhus Übermut,
An leerem Grabmal hingekrümmt, verzückter Schatten,
Des Hektor Witwe, weh! und des Helenus Gut!

Ich denke an die Negerin mit kranken Lungen,
Wie sie im Kote stapft und irren Auges sucht
Die Palmen Afrikas weit hinter Dämmerungen
Und grauer Schwaden ungeheurer Mauerflucht;

An jeden, der verlor und nimmer wird besitzen,
Ach nie! ach nie! an den, dem Tränen Labe sind,
Der saugt am Schmerz wie an erbarmter Wölfin Zitzen,
An dich, du Blumen gleich vertrocknend Waisenkind!

So bläst im Wald, den ich als Zuflucht mir erkoren,
Ein alt Erinnern laut den Hornruf immerzu!
Ich denk an die Matrosen weit im Meer verloren,
An die Besiegten – und viel andere dazu . . .

DIE SIEBEN GREISE

Für Victor Hugo

Du Stadt Gewimmels voll! Du Stadt erfüllt von Träumen,
Wo hell am Tage das Gespenst den Gänger greift!
Geheimnis überall . . . Es quillt wie Saft in Bäumen
Durch schmale Klamme in des Riesen Kraft und reift.

An einem Morgen, da in meiner Gasse Trauer
Die Häuser, durch den Lug des Nebels doppelt hoch,
Sich gaben wie am Fluß, der steigt, die Ufermauer,
Und gelber Schwaden faul durch alle Löcher kroch,

– Der Seele, die dort auftrat, gleichende Kulissen –
Ging ich, gespannten Nervs wie Helden in Gefahr,
Die Vorstadt lang, an der die schweren Karren rissen,
Mit meiner Seele redend, die schon müde war.

Auf einmal stand zerlumpt vor mir ein Greis im Freien
In Hadern, deren Gelb dem Himmel nachgeahmt;
Vom Anschaun ganz allein müßten die Gaben schneien,
Hätt nur sein Aug uns nicht so böse angeflammt.

Der Stern darin sah aus, als stäke er in Galle,
Sein Blick machte den Biß des Reifes doppelt scharf,
Und starrend wie ein Schwert in langer Borsten Falle
Sein Bart wie Judas' Bart sich strack nach vorne warf.

Zerknickt war er, nicht krumm; es stand die Wirbelsäule
In rechtem Winkel quer zu seinem Bein. Der Stab,
Das Bild vollendend, lieh der Schöpfung Eiterbeule
Die Haltung und den ungeschickten Holpertrab

Des kranken Tiers und eines Juden auf drei Beinen.
In Schnee und Kot kroch er im Straucheltrott fürbaß,
Als spürt er unterm Schuh zertretne Tote weinen,
Dem Fug der Welt nicht Gleichmut weisend, sondern Haß.

Sein Ebenbild kam nach; der Bart, das Aug, der Knüppel
Der gleichen Hölle Fund! Kein Zug, in dem zerfiel
Der Zwillingsbund, als ging das Paar Gespensterkrüppel
In gleichem Takt geeint nach unbekanntem Ziel.

Sollt ich in eines Anschlags Hinterhalt verbluten?
Welch bösem Zufall lag denn so an meiner Scham?
Ich zählte siebenmal im Abstand von Minuten
Den schlimmen Greis, der siebenfältig wiederkam!

Die ihr da lachet, daß die Sorge mich befallen,
Und die ihr brüderlich nicht miterschüttert seid,
Bedenkt: die Gräßlichen, wenn auch noch so zerfallen,
Die Sieben, sahen aus wie die Unendlichkeit . . .

Konnt ich denn, ohne gleich zu sterben, noch den achten –
Den Doppler höhnend, unerbittlich, schicksalhaft,
Den Phönix ekelnd, Sohn und Vater sich – betrachten?
– Ich aber schied mich von der Höllenbruderschaft.

Verzweifelt wie der zwiefach sichtige Berauschte
Ging ich nach Haus und schloß die Tür, entsetzt und hin,
Verstört und krank. Mein Geist von trüben Fiebern rauschte;
So schlug ihn das Geheimnis und der Widersinn!

Vergeblich wollte die Vernunft das Steuer fassen;
Es blies der Wetter Spiel ihr beide Hände leer,
Und meine Seele, ach! die tanzte ganz verlassen,
Ein mastenloser Prahm, auf uferlosem Meer.

Für Victor Hugo

1

In dieser alten Städte winkeligen Falten,
Wo alles, selbst das Grauen, ein Zauberhauch umwittert,
Folg ich, von meinem bösen Wollen angehalten,
Seltsamen Wesen, so bezaubernd wie verwittert.

Es sind die Ungestalten einmal Fraun gewesen,
Eponina und Lais. Lasset sie uns lieben,
Die Buckligen: sie sind noch Seelen, diese Wesen!
Wie schleppen sie sich hin, vom bösen Wind getrieben.

Im Frost der Lumpenpracht verschlissenen Kleids von Seide,
Sie schauern auf im Prall des Lärms der Reisewagen
Und pressen wie Reliquien an ihre Seite
Den blumenflorbestickten Beutel, den sie tragen!

Sie trippeln und sie gleichen dann den Spielpopanzen
Und schleppen sich gleich Wild, zerbissen von den Meuten,
Oder sie tanzen – ach! sie wollen gar nicht tanzen! –
Ein arm Geschell, das gnadenlose Teufel läuten.

Sind auch zerbrochen sie, kann doch ihr Blick durchbohren
Und leuchten wie der Bronn, drin Wasser schläft zur Nacht,
Und ihre Augen sind die Augen gottverloren
Des Kindes, das erstaunt und jedem Glänzen lacht.

Saht ihr es schon: der Sarg für einer Greisin Leiche
Ist manchmal fast so klein wie der von einem Kind!
Des Todes Wissen hüllt in dieser Bahren Gleiche
Sinnbilder ein, die seltsam und bezwingend sind.

Und wenn ich sehe, wie so ein Gespenst gebrechlich
Durch dieser Stadt Paris Gewimmel langsam schreitet,
Scheint immer wieder mir, daß dies zerbrechlich
Geschöpf nun leise hin zu neuer Wiege gleitet.

Doch manchmal, wenn ich nach der Meßkunst Regeln sinne,
Frag ich vor diesen ungestalten Silhouetten,
Wie oft der Tischler denn nach neuem Riß beginne
Die Kiste, drin sie all die vielen Leiber betten.

– Die Augen: Brunnen, die Millionen Tränen füllen,
Und Tiegel, die erkaltend Erz in Masern bleicht . . .
Unwiderstehlich ist, zu wissen, was sie hüllen,
Dem Mann, dem harter Unstern seine Brust gereicht.

2

Vestalin aus Frascati, die in Liebe fiel;
Thaliens Priesterin, von der den Namen nur
Der Tote kennt, der vorsprach; sie in Ruhm und Spiel,
Der Tibur schattete des ersten Blühens Spur –

Ihr all berauschet mich! Bei dieser Zarten Schar
Sind aber, die, zu Honig läuternd ihre Pein,
Zum Opfer sprachen, das verlieh sein Schwingenpaar:
»Du mächtig Flügelroß, trag mich zum Himmel ein!«

Die eine durch ihr Vaterland von Leid verzehrt,
Der anderen gab der Gatte Peinen überschwer,
Die dritte Schmerzensmutter durch des Kindes Schwert –
Ach, einer jeden Tränen füllten tiefstes Meer!

3

Wie oft schon folgt ich einer dieser alten Frauen!
So eine saß zur Stunde, wo der letzte Schein
Aus Scharlachwunden bluten läßt das Abendgrauen,
Abseits auf einer Bank in Sinnen und allein

Bei einem der Konzerte, wo mit Hörnerschallen
Soldaten manchmal unsre Gärten überschrein
Und die im Abendgold, wo neu die Kräfte wallen,
Ein wenig Heldenmut den Bürgerherzen leihn.

Noch grad und stolz und spürend was die Stunde tauge
Sog jene gierig ein dies Lied vom Kriegestanz;
Manchmal ging auf ihr Aug wie eines Adlers Auge;
Die Marmorstirn schien fertig für den Lorbeerkranz.

4

So geht ihr klaglos wie die Weisen strenger Schulen
Dahin durch das Gewimmel der lebendigen Städte,
Mit blutigem Herzen Mütter, Heilige und Buhlen,
Von deren Namen jeder einst gesprochen hätte.

Die ihr die Anmut waret, Stolz und Ruhm der Zeiten,
Euch kennt nun keiner mehr! Betrunkene Gesellen
Beschmutzen eitler Brunst euch im Vorüberschreiten;
Ein schnödes Kind darf feig euch in den Weg sich stellen.

Ihr schämet euch, daß es euch gibt, verschrumpfte Schatten!
Geduckten Rückens streift ihr ängstlich an den Mauern;
Und keiner grüßt sie, die so seltsam Schicksal hatten!
O Menschheitstrümmer, die ihr reifet ewigem Dauern!

Doch der ich aus der Ferne zärtlich auf euch achte
Und Sorgenblick auf eure zagen Schritte richte,
Als ob – o Wunder! – euer Vater euch bewachte,
Genieße ungewußt geheimer Lust Gesichte:

Ich sehe eurer Leidenschaften Frühzeit blühen,
In Glanz und Düster abgestorbene Zeit ich zähle;
Mein Herz kann froh von allen euren Sünden glühen!
Von allen euren Tugenden strahlt meine Seele!

Ruinen! meine Sippe! Hirne gleich dem meinen!
Allnächtlich grüßt euch abschiedfeiernd mein Gedanke!
Welch Morgen wird euch, achtzigjährige Even, scheinen,
Auf denen lastet Gottes schauerliche Pranke?

DIE BLINDEN

Schau an sie, Seele: Sie sind fürchterlich!
Wie Nachtgebannte, schrecklich, sonderbar;
Wie Gliederpuppen, beinah lächerlich;
Wohin zielt nur ihr trübes Sternenpaar?

Die Augen starren, Gottes Lichts beraubt,
Zum Himmel immer wie nach fernen Dingen;
Nie neigen sie ihr schwergewordenes Haupt
Zu Boden so, als ob sie träumend gingen.

So geht durch Schwarz ohn End hin ihr Pfad
Durch Bruderland des Ewigen Schweigens. Stadt,
Die nach der Lust du brennst bis zum Verruchen –

Ich schleppe mich in deinem Lachen, Wimmeln
Wie sie! Doch stumpfer noch, frag ich: Was suchen
Denn diese Blinden alle an den Himmeln?

AUF EINE DIE VORÜBERGING

Es brüllte um mich her der Straße Toben
Und schlank, in tiefer Trauer, stolzes Leid,
Ging eine Frau vorüber, deren Kleid
Die Hände wiegend an den Säumen hoben,

Mit leichtem Schritt und Adel eines Bildes.
Verkrümmter Narr wollt ich aus ihren Augen
– Mit Stürmen schwangern fahlen Himmeln – saugen
Die Lust, die tötet, und verzaubernd Mildes.

Ein Blitz . . . dann Nacht! – O flüchtige Helligkeit,
Durch deren Blick sich neu mir hob die Brust,
Seh ich dich nicht mehr vor der Ewigkeit?

Wo anders, weit von hier! zu spät! wohl nie:
Ich weiß nicht, wo du gehst, du nicht, wohin ich flieh . . .
Dich hätte ich geliebt und du hast es gewußt!

1

Auf Blättern, die in müden Reihn
Auf diesen Ufermauern liegen,
Wo sich im Schlaf der Mumie wiegen
Viel Bücher fahl wie Totenbein,

Gebilde, denen eines alten
Besorgten Künstlers Wissenheit
Trotz ihres Vorwurfs Furchtbarkeit
Verlieh der Schönheit Zauberwalten,

Sieht man – und dies verstärkt den Bann
Dieser geheimnisvollen Schauer –
Den Boden grabend wie ein Bauer
Geschundenen und Knochenmann.

2

Aus diesem Boden, den ihr baut,
Ihr Fröner schaurig und ergeben,
Mit eurer Wirbel ganzem Leben
Und euren Muskeln ohne Haut,

Wollt ihr wohl eine Ernte scharren?
Heloten aus dem Beinhaus, sagt,
Für welchen Bauern ihr euch plagt,
Um seine Schrannen voll zu karren?

Soll dies entsetzlich klare Bild
Des Schicksals überharte Gabe
Uns weisen: daß sogar im Grabe
Des Schlafs Verheißung nicht mehr gilt;

Daß auch das Nichts uns noch verraten;
Daß alles, selbst der Tod, uns lügt;
Daß Gott es vielleicht so gefügt,
Daß ewig wir den schweren Spaten

In einem Land, das du nicht weißt,
Mit blutenden und nackten Füßen
In spröde Erde treten müssen,
Bis die geschundene zerreißt!

Dies ist der Abend, des Verbrechers Kamerad.
Wie Spießgesellen kommt er leis; der Himmel hat
Sich langsam wie ein Schlafgemach vor ihm geschlossen
Und Mensch und wildes Tier sind nunmehr Raubgenossen.

O Abend, holder du, auf den sich ruhig freut
Der Mann, dem ohne Lug die Arme sagen: »Heut
Ward gut gewerkt!« Das ist der Abend, der gesundet
Die Seelen, die ein Schmerz mit bösem Zahn verwundet,
Den Forscher, dessen Stirn sich schwer und schwerer neigt,
Den Werkmann, der sein Bett mit lahmem Kreuz besteigt.
Doch schlimme Geister nun in dieser Luft erwachen,
Ganz schwer, wie Leute tun, die hart Geschäfte machen,
Und rütteln Läden dumpf bei jähem Überflug.
Durch windgequälter Lampen Schein beginnt im Zug
Der Straße jetzt der Unzucht feiler Brand zu glimmen;
Sie öffnet Gänge in den Bau und schwärmt wie Immen,
Bahnt überall sich Weg im Dunkel, unverzagt
Wie je ein kühner Feind, der einen Handstreich wagt;
Sie wühlt sich in der Stadt des Unratschlammes Straßen,
Dem Wurme gleich, der wegfrißt, was die Menschen aßen.
Man hört, wie da und dort es aus den Küchen summt;
Theater kreischen laut und ein Orchester brummt;
Die grünen Tische, deren Brot die bunten Karten,
Beziehn die Huren nun, die dort auf Beute warten,
Und auch der Diebe Zunft, die ohne Rast und Ruh
Ist, geht ans Werk bald auch: um einen heilen Schuh
Der Liebsten anzuziehn, wird sacht sie unterdessen
Die Kassen sprengen, und um einmal satt zu essen.

Du mußt dich sammeln, meine Seele, diese Zeit
Ist ernst. Verschließ dein Ohr vor dem, was draußen schreit!
Es ist die Stunde, da der Kranken Schmerzen schießen . . .

Die dunkle Nacht würgt ihre Kehle . . . Sie beschließen
Ihr Los und gehen nun zum offnen Abgrund hin . . .
Das Siechenhaus läuft voll von Stöhnen . . . Ach, darin
Wird mancher nie vor Nacht sich seinen Tisch mehr decken
Bei liebem Weib und nie der Suppe Duft mehr schmecken . . .

Und dabei weiß die Mehrzahl nicht, wie sanft es webt
Um einen stillen Herd, und hat noch nie gelebt!

DAS SPIEL

In welker Stühle Polstern Kurtisanen girren
Mit dunklem Schmeichelblick, der bannt; sie sind verblüht,
Und ihre Braun gemalt; an ihren Ohren Klirren
Von Steinen und Metall im Lampenlicht versprüht.

Rings um das grüne Tuch Gesichter ohne Lippen,
Und Lippen ohne Rot, und Kiefer ohne Zahn;
Es tasten nach der Brust, nach leeren Beutels Strippen
Sich Finger hin, die krümmt des Höllenfiebers Wahn.

Von grauen Decken Schein aus Kronen fahler Lichter
Und übergroßer Lampen Spiegelstrahlen ruhn
Auf den umwölkten Stirnen hocherlauchter Dichter,
Die ihres blutigen Schweißes Tropfen hier vertun.

Das ist das schwarze Bild, das ich zur Nacht im Traume
Sich breiten sah vor meines Augs Hellsichtigkeit;
Und dann sah ich mich selbst, ganz hinten in dem Raume,
Müd aufgestützt und stumm, ganz Frost und voller Neid,

Ja, Neid auf dieser Leute zäher Süchte Toben,
Des alten Hurenvolks so muntern Totentanz,
Die, mir im Angesicht, so ohne Scham verschoben
Die Schönheit hier und dort verjährter Ehre Glanz.

Da schrak mein Herz, daß es ja armem Volke neidet,
Das brünstig rennt zum offnen Abgrund des Gerichts
Und trunken durch sein Bluts im Grund nur lieber leidet
Am Schmerze als am Tod, an Höllen als am Nichts!

TOTENTANZ

Für Ernest Christophe

So stolz wie Lebende auf ihre edle Haltung
Hat sie mit Strauß und Handschuhn und dem Spiel des Tuchs
Die lässige, Gefallen fordernde Entfaltung
Absonderlich gezierter Frau von schlankem Wuchs.

Sah je auf einem Ball man schmälerer Lenden Spanne?
Gewagtes Kleid zerfällt in königlichem Fluß
Der weiten Falten reich auf einem Fuß im Banne
Des blumenschön bunt aufgeputzten Bänderschuhs.

Die Krausen, die verspielt am Schlüsselbeine sitzen,
Wie ein verbuhlter Bach dem Felsen sich vermählt,
Beschirmen züchtig vor den lächerlichen Witzen
Die schauerlichen Reize, die sie uns verhehlt.

Der Augen Tiefen höhlen Düsternis und Leere,
Ihr Schädel, den ein Flor von Blumen künstlich schmückt,
Schwingt weich auf schwanken Wirbeln wie am Halm der Ähre.
Wie doch ein närrisch aufgemachtes Nichts entzückt!

So manche werden dich ein schlimmes Zerrbild nennen,
Die nur im Rausch des Fleischs ergreift der Liebe Macht
Und nie die Anmut unseres Gerüsts erkennen.
Doch du, Skelett, hast mein Gelüste satt gemacht!

Kamst du denn her, mit deinen mächtigen Grimassen
Das Lebensfest zu stören? Konnte dich ein Rest
Von Gier, dein lebendes Gerippe spornend, fassen
Und treibt dich, Gläubige der Lust, zum Hexenfest?

Hoffst im Geflamm der Kerzen, im Gesang der Geigen
Den Alpdruck zu verjagen, der dir höhnend droht,
Und soll dir denn der Wirbelstrom der Feste zeigen,
Wie du die Hölle kühlst, in der dein Herz verloht?

Du immervoller Schacht von Dummheit und von Sünden,
Retorte ewig du des Schmerzes aller Zeit!
Die Löcher in der Rippen krummem Gitter künden
Der nimmersatten Natter lauerndes Geleit.

Ich fürchte freilich, daß dein Werben um Gefallen
Den Preis nicht löst, den deine Mühe fordern muß.
Wer dieser Sterblichen genießt des Spottes Krallen?
Der Starke nur wird trunken von des Grausens Kuß.

Der Augen Schlünde, schrecklicher Gedanken Sümpfe,
Verhauchen Schwindel und kein Tänzer auf dem Plan
Schaut, ohne daß verekelt er die Nase rümpfe,
Der zweiunddreißig Zähne ewig Lächeln an.

Und doch – wer hielt noch kein Skelett in seinen Armen,
Und gibt es einen, der nie Gräberspeise aß?
Kommt es denn an auf Duftöl, Kleid und Putz? Dem Armen,
Der Ekel spielt, macht wohl die eigene Schönheit Spaß . . .

Du Bajadere ohne Nase, lockend Luder,
Sag doch den Tänzern, die so heikel tun und fein:
»Gestelzte Süße, trotz der Kunst von Rot und Puder
Riecht alle ihr nach Tod! O ihr gesalbt Gebein,

Im schönen Fleische Faulende, rasierte Schranzen,
Verzuckert Aas, Verführer, abgelebter Greis,
Der Schüttelgang im Reigen, den die Toten tanzen,
Zieht euch zu Orten, von den' keiner etwas weiß!

Vom kalten Strand der Seine zu des Ganges Bränden
Betäubt die Herde sich im Tanz und schaut nicht auf
Des Engels Tuba, die aus den gesprengten Wänden
Verhängsnisdrohend klafft wie schwarzer Stutzenlauf.

Verlachenswertes Menschenvolk, in allen Breiten
Bewundert dich in deines Krampfs Gezuck der Tod,
Salbt sich mit Wohlgeruch wie du und sorgt zu Zeiten,
Daß seines Hohnes Blitz durch deinen Wahnsinn loht.«

Gehst du im Sang der Geigen, der sich an der Zinne
Der Decke bricht vorbei, geliebte Lässigkeit,
Und hältst du leicht in deinem sanften Wandel inne
Verstrahlend deines tiefen Blicks Verdrossenheit;

Betracht ich in der Lampen färbendem Geflamme
Die bleiche Stirn verschönt von krankem Reiz, wo mild
Des Abends Fackel weckt der Morgenröte Flamme,
Und deine Augen saugend wie gemaltes Bild,

Denk ich: wie schön ist sie und seltsam ihre Frische!
Erinnerung krönt sie mit einem Fürstenreif,
Ein schwer Getürm; ihr Herz, zerschrammt wie eine Pfirsche,
Ist mit dem Leib für hoher Liebe Wissen reif.

Bist du die Herbstfrucht mit dem königlichen Kerne,
Bist Grabesurne du, die einer Träne glaubt,
Gedüft, das weckt die Träume nach Oasenferne,
Ein Korb voll Blumen und ein Kissen für das Haupt?

Man sagt, daß Augen man voll tiefster Schwermut finde,
Die nicht geheimer Kostbarkeiten Hehler sind,
Nur leere Schreine, Kapseln ohne Angebinde,
Noch barer als der Himmel, tiefer und so blind.

Doch ist, ein wahrheitsmüdes Herz zu beglücken,
Damit, daß du ein Schein bist, nicht genug getan?
Was scheren mich denn Dummheit und des Herzens Krücken!
Sei Maske, Schmuck . . . Ich bete deine Schönheit an.

Ich habe nie das kleine weiße Haus vergessen,
Das wir zu stiller Ruh am Saum der Stadt besessen;
Pomona nicht aus Gips, noch Venus, die so sacht
In schütterem Hain verbargen ihrer Nacktheit Pracht;
Die Sonne nicht, die abends königlich verblühte
Und hinterm Fenster, wo ihr Bündelstrahl verglühte,
Erstaunten Himmels offnes Auge, von ganz nah
Auf unsres langen Nachtmahls Schweigen niedersah
Und auf dem Tischtuch und den Vorhängen aus Linnen
Im Widerscheine ließ ihr Kerzengold verrinnen.

Wir sollten doch der Magd, die euren Neid erregte
Und sich nun unter armem Rasen schlafen legte,
Ein wenig Blumen schenken für ihr großes Herz.
Die Toten – o die armen Toten! – frißt der Schmerz,
Und wenn der Baumzertrümmerer Oktober seine
Schwermütigen Winde bläst um ihre Marmelsteine,
Dann schelten sie gewiß undankbar uns, die warm
In Federbetten liegen, während sie, vom Schwarm
Der Träume ohne Helle aufgefressen, schaudern,
So ohne Bettgenossen, ohne wärmend Plaudern,
Erstarrte Beingerippe, die der Wurm zerkaut,
Und spüren, wie der Schnee zu ihnen niedertaut
Und hin die Zeit rinnt und nicht Freunde und Gevattern
Die Fetzen neuen, die an ihren Gittern flattern.

Säh ich des Abends, wenn der Holzstoß zischt und singt,
Wie sie gelassen in den alten Sessel sinkt,
Fänd ich in einer Winternacht mit blauem Schauern
Sie ernst in einer Ecke meines Zimmers kauern,
Die aus den Tiefen ihres ewigen Bettes steigt
Und auf das Kind, das wuchs, ihr Mutterauge neigt –
Was könnte ich der frommen Seele denn erwidern,
Im Blick den Tränenstrom aus ihren hohlen Lidern?

Spätjahre, Winter und schlammige Lenze,
Schläfernde Zeiten! Wie seid ihr mir teuer,
Hüllet ihr Herz und Gehirn mir in euer
Dunstiges Bahrtuch und Grab ohne Grenze!

Wo Nordwinde spielen in ebenen Weiten,
Nächte durch heiser die Windfahnen gellen,
Kann mehr als in Frühlings lauwarmen Hellen
Ihre Rabenflügel die Seele breiten.

Nichts süßer dem Herzen voll Trauer und Grauen,
Und das – ach so lang schon! – die Reife beschneiten,
Jahrzeiten bleiche, ihr Herrn unsrer Breiten,

Als immer so fahle Düsternis schauen,
– Süßer nur, mondloser Nacht zu zwein zu liegen,
Den Schmerz auf Bett von ungefähr in Schlaf zu wiegen.

Für Constantin Guys

1

Heut morgen noch verschwamm ein Bild
Fernher um meine Lagerstatt
Und macht mich froh, grausig Gefild,
Das so kein Mensch gesehen hat.

Der Schlaf ist mächtig Wunderland!
Von einer Laune Spiel betört
Hab ich aus dieser Schau verbannt
Was lebt und drum nicht hingehört,

Und, Maler stolz ob meiner Kunst,
Genoß in meinem Bild ich all
Das Einerlei aus Rausch und Brunst
Von Wasser, Marmor und Metall.

Aus Treppenbogen wuchs ein Bau,
Mein Babel, auf zu weitem Schloß,
Wo Wasserkunst aus reichem Stau
In Flut von mattem Golde schoß;

Und Katarakte hingen schwer
Wie Schleiertücher von Kristall
In einem Funkelfeuermeer
An Mauerzinnen aus Metall.

Nicht Bäume, sondern Säulenreihn
Umstanden steil die Schlummerseen,
Und Riesennymphen sahn hinein,
Wie Frauen sich im Spiegel sehn.

Blau breiteten sich Wasser dort
In Dämmen grün und rosenrot
Wohl über tausend Meilen fort,
Bis wo des Weltalls Grenze loht,

Und schienen unerhört Gestein
Und Zauberflut zu Eis geballt,
Geblendet von dem Flimmerschein,
Der von der Glätte widerprallt!

In breiter Ruh und schweigend floß
Ein Ganges hin am Himmelsgrund,
Der in demantne Strudel goß
Geschmeid aus seiner Urnen Mund.

Baumeister meiner Fabelwelt
Führt ich, wie es mein Wunsch befahl,
Gezähmten Ozean zum Belt
Durch Bogengänge von Opal.

Und alles, selbst das Schwarze, schien
Vielfarbenflimmernd, hell, poliert;
Das Flüssige fand seinen Sinn
Im Strahl, der sich kristallisiert.

Dort war kein Stern und keine Spur
Von Sonnenschein am Firmament
Als Leuchte dieser Zauberflur,
Wo jedes aus sich selber brennt!

Auf dieser Wunder Reigenchor
Lag – Neuerung und Furchtbarkeit:
Den Augen alles, nichts dem Ohr! –
Das Schweigen einer Ewigkeit.

2

Als ich die Flammenlider hob,
Da sah ich meiner Kammer Wust
Und spürte wieder, wie sich schob
Der Sorge Dorn in meine Brust;

Mit Grabgesang schlug hart die Uhr
Den Mittag an und Bitternis,
Und auf gelähmte Erde fuhr
Aus müden Himmeln Finsternis.

MORGENDÄMMERN

Fern sang die Tagwacht auf den Höfen der Kasernen,
Der Morgenwind blies kühl hin über die Laternen.

Es war die Stunde, da im Schwarm von bösen Träumen
Auf ihren Kissen sich die braunen Knaben bäumen;
Da wie ein blutend Aug, das zuckt und sich bewegt,
Die Lampe auf den Tag rot einen Flecken legt,
Die Seele sich, bedrängt von störrigen Leibes Fracht,
Der Lampe und des Tags Gefecht zueigen macht.
Wie tränend Antlitz, das die Winde trocken wischen,
Ist voll die Luft vom Graun der Dinge, die entwischen.
Zu laß zum Schreiben ward der Mann, die Frau zum Kuß.

Zum Himmel stieg schon da und dort der Essenruß.
Die Dirnen lagen schwer im Schatten fahler Lider
Und offnen Munds im Schlaf ihrer verstumpften Glieder;
Das Bettelweib, im Frost von magerer Brust und Lende,
Blies seine Kohlen an und blies auf seine Hände.
Es war die Zeit, da sich in Frost und Elend mehren
Die Wehn der Frauen, die in Armutei gebären;
Wie Schluchzen, das ein Blutsturz schaumig unterbrach,
Der Hahnenschrei von fern durch zähe Schwaden stach;
Die Dächer schwammen in des Nebelmeeres Fahle,
Und was zu sterben kam in Winkeln der Spitale
Stieß letztes Röcheln in ungleichen Stößen aus.
Es gingen schlaff vom Werk die Wüstlinge nach Haus.

Das Morgenrot bekränzt mit rosagrünem Bande
Schlich fröstelnd an der Seine menschenödem Strande,
Und dunkel griff Paris, ein fleißiger alter Mann,
Die Augen reibend jetzt sein schweres Werkzeug an.

DER WEIN

Des Weines Seele sang im Glase diesen Abend:
»O Mensch, Enterbter, den ich liebe, aus mir bricht
Aus Haft von Glas und rot beglänztem Wachs dich labend
Ein Lied zu dir empor voll Brudersinn und Licht.

Ich weiß die Mühen wohl, die auf dem Berg in Gluten
Es kostet, wieviel Schweiß und wieviel Sonnenschein,
Bis dann das Leben und die Seele in mich fluten;
Doch ich will dankbar und kein Schelmenbruder sein,

Denn ich verspüre Lust ohnmaßen, wenn ich falle
In eines Mannes Brust, den seine Arbeit frißt,
Und warmen Busens Gruft ist eine süße Falle,
Wo mir viel wohler als im kalten Keller ist.

Hörst du der Lieder Hall an blauen Feiertagen
Und wie die Hoffnung perlt im Zittern meiner Brust?
Die Arme auf dem Tisch, die Ärmel aufgeschlagen
Wirst du mich rühmen und wird dir ein Glück bewußt.

In deines Weibes Aug glüh ich mit neuem Brande;
Ich gebe deinem Sohn die Kraft und frisches Blut
Und bin dem Zarten auf des Lebens Ringersande
Das Öl, das Kämpfern neu mit Kraft tränkt Leib und Mut.

Doch in dich selbst dies Mark der Himmelsrose rinne
– Besamend Naß, das uns der Ewige Sämann gießt –,
Daß ein Gedicht ersteh im Schoße unsrer Minne,
Das seltener Blume gleich zu Gottes Throne sprießt!«

DER WEIN DER LUMPENSAMMLER

Oft sieht im roten Schein von schwanker Lampen Flimmern,
In den im Flammenstoß des Winds die Gläser wimmern,
Im Herzen einer Vorstadt – Labyrinth von Mist,
Darin von Wettern schwül der Mensch in Gärung ist –

Man einen Haderer gehn, der seine Locken schüttelnd
Und stolpernd, Dichtern gleich, an Häuserwänden rüttelnd
Der Büttel ungeacht – die sind jetzt untertan! –
Sein Herz verströmen läßt in einen großen Plan.

Er gibt erhabenes Gesetz und leistet Eide,
Wirft Schurken in den Staub, hebt Opfer aus dem Leide
Und unter Himmeln wie ein Sternenbaldachin
Geht er berauscht von seiner Tugend Glanz dahin.

Ja, dieses Volk, an dem zuhaus die Sorgen nagen,
Das Arbeit mürbe mahlt, Gebrest und Alter plagen,
Verbraucht, erdrückt von dem, was ihm zusammenbrach,
Des wirr Gewimmel der Gigant Paris erbrach,

Kommt wieder zu sich, wenn in Duft es Fässer hüllen
Und schlachtgebleichte Kämpen seine Reihen füllen,
Die Bärte haben, die wie alte Fahnen wehn,
Und Siegesbogen, Kranz und Banner neu erstehn

Vor ihnen – Zauberkraft der Feier! – und sie bringen
Im Taumelfest, wo Licht und Lärm zusammenklingen,
Der Hörner, Trommeln und der Sonne Seligkeit
Und Ruhm dem Volk, das trunken nach mehr Liebe schreit.

So flutet in die Welt verspielter Tändeleien,
Ein blinkender Paktol, der Wein des Goldes Weihen,
Und aus der Menschen Mund singt selbst er seinen Ruhm
Und herrscht durch sein Geschenk wie echtes Königtum.

Zu wiegen stumpfen Sinn und stummen Groll zu fegen
Den Gnadenlosen, die sich still zum Sterben legen,
Gab Gott, von Reue angerührt, des Schlafes Ruh,
Der Mensch schuf sich der Sonne Sohn, den Wein, hinzu.

DER WEIN DES MÖRDERS

Mein Weib ist hin; jetzt bin ich frei!
Nun kann ich trinken was ich mag.
Kam blank ich heim am Feiertag,
Zerrieb den Nerv mir ihr Geschrei.

Gleich einem König bin ich froh;
Die Luft ist rein, es blüht der Hang.
Als meiner Liebe Knospe sprang,
Schien uns der ganze Sommer so!

Der böse Durst, der mich zerreißt,
Braucht wohl nicht weniger Wein, um satt
Zu werden, als die Liegestatt
Des Weibes faßt – was etwas heißt:

Ich stieß sie in das Brunnenloch
Und warf sogar noch auf ihr Grab
Den Steinkranz, der den Schacht umgab.
– Vielleicht vergesse ich sie doch!

Bei unserer Liebesschwüre Eid,
Von dem uns nichts entbinden kann,
Und weil die Sehnsucht Macht gewann
Der Tage unsrer Trunkenheit,

Erflehte ich ein Stelldichein
Zum Abend an dem dunklen Hag!
Sie kam! Was doch der Wahn vermag!
Wir müssen alle Narren sein . . .

Sie war noch hübsch, doch lag darauf
Viel Müdigkeit . . . Ich liebte sie
Zu sehr, ich weiß . . . sonst sagt ich nie
Zu ihr: »Dies Leben, gib es auf!«

Verstehen kann mich keiner. Wer
Von diesen stumpfen Trinkern dacht
Denn je in einer kranken Nacht,
Ob wohl der Wein ein Bahrtuch wär?

Dies liederliche Weib, gebannt
Vor Wunden wie Getrieb aus Stahl
Hat nie im Jahr ein einzig Mal
Der Liebe wahres Maß gekannt,

Mit ihren dunklen Zauberein,
Der bösen Ängste Höllentrift,
Mit ihren Tränen, ihrem Gift,
Geräusch von Ketten und Gebein!

– Nun bin ich frei und ganz allein!
Den Abend bin ich Weines voll;
Dann leg ich ohne Furcht und Groll
Mich auf den Weg und schlummre ein,

Und schlafe, schlafe wie ein Hund!
Dann kommt ein Karren räderschwer
Mit Stein und Kot beladen her,
Die tolle Post mag kommen und

Mein schuldig Haupt zermalmen, frisch
Mich mittendurch zerreißen – Spott
Und Hohn darauf wie nur auf Gott,
Den Teufel und den Heiligen Tisch!

DER WEIN DES EINSAMEN

Der schräge Blick der Fraun, die uns umwerben,
Der auf uns züngelt wie das weiße Licht
Des Mondes, der des Weihers Glätte bricht,
Läßt er darin sein schönes Antlitz sterben;

Der letzte Gulden, den der Spieler zückt,
Verbuhlter Kuß der magern Adeline,
Versehrende Musik, vor der uns schiene,
In Fernen weine Schmerz, der uns zerstückt –

Dies alles, tiefe Flasche, ist nicht mächtig
Wie jener Balsam, den dein Pansen trächtig
Für frommen Dichters müdes Herz bewahrt.

Du schenkst ihm Hoffnung, Leben, Jugend ein –
Und Stolz, der Habenichtse Edelstein,
Der uns den Sieg beschert und Götterart.

DER WEIN DER LIEBENDEN

Wie leuchten heut prächtig die Räume!
Ohne Trensen, Sporen und Zäume
Reiten du und ich auf dem Wein
In den Zauberhimmel hinein!

Wie zwei Engel, die marternd der strengen
Wüstenluft Gluten versengen,
In des Morgens blankem Saphir
Folgen ferner Spiegelung wir!

So fliegen, gewiegt auf den Schwingen
Des kundigen Wirbels, dann weit,
In gleicher Leidenschaft Klingen

Schwimmend Seite an Seit,
O Schwester, ohn Rasten und Ruh
Meines Traums Paradiesen wir zu!

BLUMEN DES BÖSEN

DIE VERNICHTUNG

Es wiegelt rastlos Satan neben mir,
Verschwimmt wie Luft ungreifbar eingedrungen;
Ich atme ihn und spüre Sündengier,
Die nie verraucht, vom Brand in meinen Lungen.

Weil meine Sucht nach Kunst er kennt, verhöhnt
Er mich im Bild verführerischer Frauen,
Lügt mir des Trübsinns Vorwand und gewöhnt
Den Mund an Tränke voller Schmach und Grauen;

Geleitet so den Mann, der müde keucht
Vor Last, weit hinter Gottes Blick, verscheucht
Mich in der Langeweile Steppentiefen,

Wirft in die wirren Augen ein Gemeng
Beschmierter Kleider, Wunden, die noch triefen,
Und der Vernichtung blutiges Gepräng.

EINE BLUTZEUGIN

Zeichnung eines unbekannten Meisters

Umgeben von Kristallen und Brokate,
  Zu Wonnen ladendem Gerät,
Gemälden, Marmor, duftgetränktem Staate,
  Am Boden faltig ausgesät,

In einem Zimmer, wo die Luft gefährlich
  Und tödlich wie im Treibhaus steht,
Und eingesargt in Glas ein Strauß begehrlich
  Im Sterben letzten Seufzer weht,

Auf Kissen, die nun satt sind, Ströme rinnen
  Von springendem und rotem Blut
Aus Leichnam ohne Haupt, an dem das Linnen
  Sich tränkt wie Gras in Sommerglut.

Gesichten gleich, die fahl im Dämmer locken,
  Das unser Aug in Ketten legt,
Ein Haupt in dichten Ringeln dunkler Locken,
  Das köstliche Geschmeide trägt,

Ruht wie Ranunkeln bei dem Bettgestelle,
  Und, des Gedankens Blitz entleert,
Ein Blick so schwank und weiß wie Dämmerhelle
  Aus den verdrehten Augen fährt.

Dort auf dem Lager breitet ohne Hülle
  Der Rumpf, und gibt sich allen hin,
Den Glanz und die verhängnisvolle Fülle
  Der Schönheit, die Natur verliehn.

Ein rosa Strumpf, an dem es golden schimmert,
  Erinnernd noch das Bein umspannt;
Das Band, ein Auge, das verborgen flimmert,
  Schießt einen Blick von Diamant.

Durch diese fremde Stille und des blassen
  Und wehen Bildes große Art,
Wo Aug und Haltung bannen gleichermaßen,
  Wird dunkle Liebe offenbart,

Mit Schuld gehöhte Lust auf schlimmen Festen
  Voll Küssen, die die Hölle schenkt
Und einen Schwarm von bösen Engeln mästen,
  Der in des Vorhangs Falten hängt;

Doch an dem schlanken, ungereiften Bogen,
  Der wie verbeult die Schultern zwingt,
Der Hüfte scharfem Bug, der Spanne Wogen,
  Das wie gereizte Natter schwingt,

Sieht man wie jung sie ist! – Gab sich zur Beute
  Zerquälte Seele, Leib versehrt
Von Langeweile der Begierden Meute,
  Die schweifend Sündendurst verzehrt?

Erfüllte wohl der Mann, der dich lebendig
  Zu voller Stillung nicht besaß,
An deines Leichnams Willigkeit unbändig
  Verströmender Begierde Maß?

Unreine Leiche, sprich! Aus deinen Flechten,
  Den starren, heb dich, furchtbar Haupt!
Sag, hat von deiner Zähne kalten Prächten
  Er letztes Lebewohl geraubt?

– Weitab der Spötter Welt, der geilen Rotte,
   Neugierigen Gerichtes, ruh
Im Frieden, ja im Frieden, in der Grotte
   Geheimer Gruft, Seltsame du!

Dein Gatte schweift, und was von dir geblieben,
   Dein Bild, an seinem Bette loht;
Er wird gewiß – wie du – in Treuen lieben
   Und standhaft sein bis in den Tod.

Wie Rinder, die versonnen ruhen auf den Sänden,
Drehn sie die Augen nach dem Horizont der See;
In ihren Füßen, die sich suchen, und den Händen
Blüht sanftes Schmachten und der bittren Schauer Weh.

Die einen, ganz im Zwang von Anvertraun und Frage,
Gehn zu den lauten Plauderbächen in den Hain,
Die Liebe buchstabierend zarter Kindertage,
Und graben sich ins grüne Holz der Bäume ein.

Und andre schreiten stät und ernst im Schritt der Nonne
Inmitten des Gesteines, das von Mahren voll,
Wo Sankt Anton der nackten Busen Purpurwonne
Versuchend wie ein Lavastrom entgegenschwoll.

Und solche sind noch, die im Schein verglommener Späne
Im stummen Grund der Grotte aus der Heidenzeit
Dich rufen, daß du heilest ihre Fieberwähne,
O Bacchus, der du schläferst altes Reu und Leid.

Und jene, deren Busen mag die Skapuliere,
Verhehlen Geißeln unter ihres Kleides Saum
Und mischen stiller Nacht in dunklem Waldreviere
Die Tränen ihrer Qualen in der Wollust Schaum.

Ihr Jungfrauen und Teufel, Martyrn, Ungeheuer,
Verachtend großen Geistes diese Wirklichkeit,
Sucht fromm und wüst des Grenzenlosen Abenteuer
Voll Lustschrei erst, dann voll der Tränen Bitterkeit.

Den' meine Seele folgt ins höllische Gefilde,
Ich lieb euch, Schwestern, wie ich weine eurem Schmerz,
Für eure düstere Pein, den Durst den niemand stillte,
Und das von Liebesaschen volle große Herz.

DIE ZWEI BARMHERZIGEN SCHWESTERN

Das Laster und der Tod – das sind zwei liebe Metzen,
Verschwenderisch im Kuß, gesund und reich bedacht!
Aus ihrem jungfräulichen Leib, gehüllt in Fetzen,
Hat ihre Mühsal nie ein Kind zur Welt gebracht.

Dem düstren Dichter, diesem Feind von Haus und Ehe,
Der Hölle Günstling und ein König ohne Land,
Zeigt Lupanar und Grab, daß er die Nacht bestehe,
Ein Bett, zu dem die Reue nie den Weg noch fand.

Die Bahre und das Bett, an Lästerflüchen reich,
Verschenken wie barmherzige Schwestern nach der Reihe
Grausame Lust und fürchterlicher Süße Weihe.

Wann wirst, o Laster, du denn in den Sarg mich stopfen?
Wann wirst du denn, o Tod, ihm an Verlockung gleich,
Dein schwarzes Reis auf seine faulen Myrthen pfropfen?

DER BLUTQUELL

Mir scheint zuweilen, daß mein Blut entfließt,
Gleich Brunnen schluchzend sich im Takt ergießt.
Wohl hör ich's rauschen lange, lange Stunde,
Doch tast ich auch, ich finde nicht die Wunde.

Es flutet durch die Stadt wie einen Hag,
Grenzt Inseln ab, wo glattes Pflaster lag;
Stillt überall, wo einen Durst bedroht,
Und färbt die Welt in allen Dingen rot.

Oft bat die schweren Weine ich vermessen,
Kurz einzuschläfern meiner Schrecknis Bohren;
Doch Wein schärft Augen und verfeint die Ohren!

Ich suchte in der Liebe Schlafs Vergessen:
Doch mir ist sie ein Nadelbett, bereit
Zu tränken dieser Mädchen Grausamkeit!

Dies Weib, so schön in reicher Schultern Prangen,
Läßt laß vom Weine ihre Haare hangen.
Der Liebe Krallen, Gift vom Schenkensumpf
Gehn fehl, vor ihrer Haut Granite stumpf.
Sie lacht des Tods, kann schlimme Lüste schmähen,
Lindwurme, deren Griff in Riß und Mähen
Des festen Leibes herbe Hoheit ihr
Bewahrt in Spielen voll Zerstörungsgier.
Sie geht wie Götter, ruht wie Sultanfrauen,
Kann auf die Lust wie ein Moslem vertrauen.
In offne Arme, schwerer Brüste Gruft,
Ihr Auge alle Erdensöhne ruft.
Sie weiß, die Jungfrau unfruchtbar im Schoße
Und doch notwendig für den Wurf der Lose,
Daß Leibesschönheit lichte Gabe ist,
Die jeder Meintat die Vergebung mißt.
Sie kennt die Hölle nicht, kein Fegefeuer,
Und kommt die Nacht zum letzten Abenteuer,
Schaut sie dem Tod ins Angesicht wie neu
Gebornes Kindlein – sonder Haß und Reu.

Ich schritt durch Aschenhalden ohne Halme
Und klagte der Natur in düsterem Psalme.
Im Schweifen schärft ich des Gedankens Stahl
Auf meinem Herzen leis. Mit einemmal,
Am vollen Mittag, streift mein Haupt ein mächtig
Gewölk, wie Grüfte dunkel, wetterträchtig,
Das liederlicher Teufel Rudel barg,
Gleich Zwergen neubegierig und voll Arg.
Sie schickten kalt sich an, mich zu betrachten;
Wie Müßiggänger eines Narren achten;
Belachten mich und tuschelten dabei
Und tauschten zwinkernd Zeichen mancherlei.

»Laßt dieses Zerrbild uns nach Lust begaffen,
Des Dänenprinzen Schatten, seinen Affen
Im schwanken Blick und windgelösten Haar.
Ist es denn nicht zum Weinen wunderbar:
Der Lump und Mime in Vakanz, der Tolle,
Weil er sich kunstreich schickt in seine Rolle,
Verlangt für seiner Schmerzen Jammerchor
Der Adler, Grillen, Bäche, Blumen Ohr,
Denkt uns, den Dichtern dieser alten Sparten,
Mit seinem Gassenvortrag aufzuwarten!«

Ich hätte (denn mein Stolz grenzt an den Firn,
Beut Teufelswort und Wolkenspuk die Stirn)
Nur leicht mein Königshaupt zu wenden brauchen.
Doch sah ich aus dem Unflatrudel tauchen
– Und dabei hielt die Sonne Ort und Bahn! –
Herzdame mein; sie sah mich strahlend an,
Als ob sie meiner Nöte lachen müsse.
Auch gönnte dem und dem sie ekle Küsse . . .

DIE REISE NACH KYTHERE

Mein Herz umflog das Takelwerk der Jacht
Befreitem Vogel gleich, der freudig tollte;
Der Himmel war Azur, die Naue rollte
Wie Engel, die ein Leuchten trunken macht.

Wie heißt die schwarze Insel dort? – Kythere,
Ruft man, der Dichter eiserner Bestand
Und aller Hagestolze Wunderland.
Schaut her! Recht ödes Land für soviel Ehre ...

– Ort süßen Dunkels und der Herzen Feier!
Der Venus hochgemuter Schatten schwebt
Ob deiner Flut wie Wohlgeruch und webt
Dem Geist die Liebe und der Sehnsucht Schleier.

Gefild, wo jede Blume offen steht,
Du Myrthenhain, dem sich die Völker neigen!
Der Herzen in Anbetung Seufzer steigen
Dort Weihrauch gleich, der über Rosen weht,

Und wie das endlose Gegurr der Taube!
– Kythere war nur noch ein dürrer Rain,
Von grellen Schreien lautes Ödgestein.
Doch ragte seltsam Ding aus braunem Staube!

Es war kein Tempel, wo im Schattenband
Die junge Priesterin, erregt vom Blühen
Und deren Leib geheime Brände glühen,
Verwehter Brise auftut ein Gewand;

Nein, als wir hart am Strand vorüberstoben,
Mit weißen Segeln scheuchend Kauz und Aar,
Sahn wir, daß es ein schwarzer Galgen war,
Zypressengleich vom Himmel abgehoben.

Dort krallten wilde Vögel sich in Fraß,
In Fetzen stückend einen lang Gehängten,
Und dieses Schwarms unreine Schnäbel drängten
Wie Zangen tief in blutbeschmiertes Aas.

Die Augen warn zwei Löcher; aus den Sieben
Des Leibs quoll Eingeweide nach dem Fuß;
Es hatten satt von ekligem Genuß
Die Henker ihn entmannt mit Schnabelhieben.

Darunter schlich im Rund mit neidischem Belfern
Ein Rudel und hielt seine Schnauzen hoch,
Und mitten innen schwer das Leittier kroch;
So ragt der Henker unter seinen Helfern.

Kytheres Bürger, schönsten Himmels Sproß,
In Schweigen littst du die Beleidigungen
Und büßtest deine frevlen Heiligungen,
Die Sünde, die vom Grabe aus dich schloß.

Gehängter, deine Qualen sind die meinen!
Vor deiner Glieder Schaukeln spürt ich gleich
Erbrechen gegen meiner Zähne Deich
Den Strom der Galle ausgestandener Peinen;

In dir, du Armer immer nun mir lieb,
Spürt ich die scharfen Rabenschnäbel alle,
In denen unter schwarzer Panther Kralle
Sich einst so oft mein wehes Fleisch zerrieb.

– Das Meer war still; des Himmels Zauber warben.
Mir aber schien nun alles Nacht und Blut;
Und wie in einem dichten Bahrtuch ruht
Nunmehr mein Herz in dieses Bildes Farben.

Auf deiner Insel, Venus, sah ich stehn
Nichts als den Galgen, der mein Bild getragen . . .
– Ach, Herr! gib mir doch Kraft und Mut, zu wagen,
In Herz und Leib nicht Ekles nur zu sehn!

AMOR UND DER SCHÄDEL

Alte Vignette

Hier hat sich Amor auf dem Haupte
   Der Menschheit hingesetzt
Und läßt, ein Heide, der nie glaubte
   Und frech sich nur ergetzt,

Vergnüglich Seifenblasen steigen.
   Sie fliegen auf im Wind
Als seien ihnen Welten eigen,
   Die tief im Äther sind.

Es will erst mächtig aufwärts streben
   Der zarte lichte Schaum –
Und platzt und speit heraus ein Leben
   Dünn wie von Gold ein Traum.

Bei jeder Blase hör ich flehen
   Den Kopf mit Seufzern viel:
»Wann wird denn wohl zu Ende gehen
   Dies grausam Possenspiel?

Was kalt dein Mund aus diesem Becher
   Sprengt in der Lüfte Flut,
Ist mein Gehirn, o du Verbrecher,
   Und ist mein Fleisch und Blut!«

EMPÖRUNG

DIE VERLEUGNUNG DES HEILIGEN PETRUS

Was tut Gott mit dem Fluch, den tausend Zungen
Zu seinen Engeln fluten Tag um Tag?
Tyrann, der satt nicht weiter tafeln mag,
Entschlummert er im Sang der Lästerungen.

Es rauscht der Martyrn Schrei von Rad und Stoß
Doch sichtlich von betörenden Akkorden,
Sonst wär der Himmel lang schon satt geworden,
Wo so viel Blut schon seinen Lüsten floß!

– O Jesus, daß des Ölbergs dich gedenkte!
In deiner Einfalt riefst du auf den Knien
Zu dem, der lachte, als die Nägel schrien,
Die Henkersrotte in dein Fleisch versenkte,

Und deine Gottheit anspie Lumpenschar
Von Küchenpöbel und gedungenen Wachen,
Und als die Dornen deine Stirn durchstachen,
Darin der Menschheit Herz lebendig war,

Und dann dein Leib, gebrochen von der Schwere,
Gezerrte Arme dehnte, als dein Schweiß
Und Blut sich schied von müder Stirne Weiß,
Als du, ein Zielbild, hingst in Nacht und Leere –

Hast du da nicht vom lichten Tag geträumt,
Da du erschienst, Verheißung zu erfüllen,
Und segnend rittest auf dem Eselfüllen
Den Weg, den Palmenzweig und Blume säumt,

Da du, die Brust gehöht im Hoffnungsglanze,
Die Händler schlugst ins feile Angesicht,
Wo *du* der Herr warst? Drang da Reue nicht
In deine Seite tiefer als die Lanze?

– Gern laß ich eine Welt, wo folgerecht
Die Taten nicht als Traumgeschwister kommen.
Ich will das Schwert, um darin umzukommen!
Petrus verriet den Herrn . . . nun, er tat recht!

ABEL UND KAIN

1

Geschlechter Abels, eßt und trinket;
Gott lächelt: es ist wohlgetan;

Geschlechter Kains, im Schlamm versinket,
Verkriecht euch drin und sterbt daran.

Geschlechter Abels, Opferbrände
Von euch sind Engeln duftend Mahl!

Geschlechter Kains, wann raucht zu Ende
Der Scheiterhaufen eurer Qual?

Geschlechter Abels, seht die Weide,
Die Herde und die Saat gedeihn;

Geschlechter Kains, eure Geweide
Wie alte Hunde Hungers schrein.

Geschlechter Abels, geht euch wärmen
Am Herd in eurer Väter Saal;

Geschlechter Kains, ihr sollt euch härmen
In kaltem Loch wie der Schakal.

Geschlechter Abels, liebt und mehrt euch!
Auch Gold bei euch noch Junge heckt;

Geschlechter Kains, das Herz verzehrt euch,
Drum keine heißen Gierden weckt!

Geschlechter Abels, glaubt und äset
Wie Läuse in der Bäume Laub;

Geschlechter Kains, ach, ihr verweset
Mit krankem Kind im Straßenstaub!

2

Geschlechter Abels, eure Leichen
Sind einmal fetter Erden Dung!

Geschlechter Kains, in euren Reichen
Ist, was ihr tatet, nicht genung!

Geschlechter Abels, feig Gewimmel:
Das Eisen ward des Schaftes Spott!

Geschlechter Kains, erstürmt den Himmel
Und stürzt zur Erde nieder Gott!

LITANEI AUF SATAN

Du Licht und Zierde aller Engelreigen,
Verratner Gott, dem keine Hymnen steigen,

O Satan, meines Elends dich erbarme!

O Fürst der Acht, dem man sein Recht befleckt
Und der besiegt nur höher auf sich reckt,

O Satan, meines Elends dich erbarme!

Großkönig alles Untern, Herr im Wissen
Und Heilfreund den gepeinigten Gewissen,

O Satan, meines Elends dich erbarme!

Der Parias und Aussätzige liebt
Und ihnen drum Geschmack an Eden gibt,

O Satan, meines Elends dich erbarme!

Der aus dem Tode, seiner Liebe Herrin,
Die Hoffnung zeugte – eine Zaubernärrin,

O Satan, meines Elends dich erbarme!

Der du Verfemten gibst des Blickes Licht,
Das ganzem Volk am Block das Urteil spricht,

O Satan, meines Elends dich erbarme!

Der weiß, wo von der Erde Geiz verschwiegen
Durch Gottes Neid die Edelsteine liegen,

O Satan, meines Elends dich erbarme!

Der lichte Blicke in das Zeughaus tut,
Wo der Metalle Volk im Schlafe ruht,

O Satan, meines Elends dich erbarme!

Der breiter Hand nachtwandlerischem Schweifen
Die Schlünde zudeckt, die den Süchtigen greifen,

O Satan, meines Elends dich erbarme!

Der zagen Mann, die Qualen auszuwischen,
Gelehrt, Salpeter Schwefel beizumischen,

O Satan, meines Elends dich erbarme!

Der, schlauer Spießgeselle, aufdrückt fahl
Des schonungslosen Krösus Stirn sein Mal,

O Satan, meines Elends dich erbarme!

Der in der Dirnen Herz und Aug geschrieben:
Ihr sollt die Wunden und Zerlumpten lieben,

O Satan, meines Elends dich erbarme!

Der Landflucht Stab und der Gehängten Ohr,
Beichtvater jeden Manns, der sich verschwor,

O Satan, meines Elends dich erbarme!

Wahlvater jener, die in dunklem Bosen
Gottvater aus dem Paradies verstoßen,

O Satan, meines Elends dich erbarme!

GEBET

Dir Ruhm und Preis, o Satan in den Lüften,
Wo du einst Herr warst, gleichwie in den Klüften,
Wo du besiegt nun liegst in Schweigens Traum.
Laß meine Seele am Erkenntnisbaum
Bei dir einst ruhen dann, wenn seine Schossen
Ein neuer Tempel, deine Stirn umsprossen!

DER TOD

DER TOD DER LIEBENDEN

Wir ruhn auf Betten voller leichter Düfte,
Und Blumen werden von den Wänden hangen,
Die unter schönern Himmeln aufgegangen,
Und Pfühle werden sein so tief wie Grüfte.

In Drängen nützend letzter Asche Schwelen
Solln beide Herzen weit als Fackeln flammen
Und ihre Doppelfeuer dann zusammen
Verglühn im Zwillingsspiegel unserer Seelen.

Bei eines Abends rosig blauen Gluten
Wird zwischen uns ein einig Blitzen fluten
Wie lang Geschluchz, von Abschiedsgrüßen schwer;

Dann tut die Pforten auf ein Engel hehr
Und wird in froher Treue neues Leben
Den blinden Spiegeln und den toten Flammen geben.

DER TOD DER ARMEN LEUTE

Nur weil der Tod ist, gibt es Trost zum Leben!
Er ist sein Ziel; nur er kann Hoffnung geben,
Die wie ein Elixir uns trunken macht
Und Mut gibt, auszudauern bis zur Nacht.

Er strahlt durch Schnee und Wetter als ein Licht,
Das unsern schwarzen Horizont durchbricht;
Er ist die Einkehrstatt im letzten Hafen,
Wo einst wir essen werden, ruhen, schlafen.

Du Engel hehr, durch dessen Finger gleitet
Der Schlummer leicht in der Verzückung Traum
Und der den Bloßen neu das Bett bereitet,

Du bist der Götter Ruhm, ihr Vorratsraum,
Des Armen Börse, uralt Mutterland,
Nach unbekannten Himmeln offne Wand!

DER TOD DER KÜNSTLER

Wie oft noch muß ich schütteln meine Schellen
Und deine niedre Stirn, o Zerrbild, küssen?
Um in geweihtes Ziel zu treffen, müssen
Wie viele Pfeile, Köcher denn noch schnellen?

Die Seele wird in Feinstem sich verzehren,
Manch schweres Blendwerk müssen wir zerhauen,
Eh wir der Großen Schöpfung Antlitz schauen,
Nach dem wir schrein in höllischem Begehren.

Sehr viele schauten nie noch ihr Idol,
Und jene Meißler, die, das Zeichen weisend
Ihrer Verdammnis, hämmern Brust und Stirn,

Erhoffen noch – welch düstres Kapitol! –,
Daß einst der Tod, wie neue Sonne kreisend,
Entfalten wird, was blüht in ihrem Hirn!

TAGESENDE

In einem fahlen Lichte gleitet
Im Wirbel hin und weiß nicht was
Das Leben schamlos, kreischt und streitet.
Sieht er am Horizonte, daß

Die Nacht sich reckt in dunkler Glut
Und alles, selbst den Hunger, schwichtet,
Und alles, selbst die Scham, vernichtet,
Spricht leis der Dichter: »Nun ist's gut!

Mein Geist begehrt wie Kreuz und Rippe
Inbrünstig, endlich auszuruhn.
Im Herzen Traum von Glas und Hippe

Gedenk ich, langen Schlaf zu tun
In deiner Schleier Falten nun,
O Nacht! Wie kühl ist deine Lippe!«

DER TRAUM EINES VORWITZIGEN

Für F. N.

Schmeckst du wie ich den Saft der reifen Schmerzen,
Und sagt man schon von dir: »Welch eigener Mann?«
– Ich war am Tod. Im liebeskranken Herzen
Lag Gier bei Angst in seltsamem Gespann,

Verzicht bei Hoffnung ohne Groll und Poltern.
Je mehr der Sanduhr schmaler Vorrat schwand,
Versüßten und verschärften sich die Foltern.
Mein Herz sich ganz vertrauter Welt entwand.

Ich glich dem Kind, das auf ein Schauspiel paßt,
Den Vorhang hassend, wie es Riegel haßt . . .,
Und schließlich schien der Wahrheit kaltes Licht:

Ich lag – gar nicht erstaunt vom Tod – im Schimmer
Des grausen Morgenrots. – Nun, was? Mehr nicht?
Kein Vorhang . . . und ich wartete noch immer!

Für Maxime Du Camp

1

Dem Kind verliebt in Stiche und Atlanten
Genügt das All zu Hungers Sättigung.
Wie groß sahn wir die Welt, wenn Lampen brannten,
Und, ach! wie klein sieht sie Erinnerung.

Ein Tag bricht an . . . im Hirne Flammen gaukeln . . .
Die Brust brennt Groll und Sehnens Bitterkeit . . .
Wir ziehn und tragen nach der Woge Schaukeln
Unendlich Herz in Meeres Endlichkeit.

Die einen fliehn Heimaten, die nichts taugen,
Die andern ihrer Wiege Graun und der,
Sterndeuter tief ertrunken in zwei Augen,
Der Kirke Stab und ihres Duftes Zehr.

Nicht Tier zu werden, machen sie sich trunken
An Licht und Weite, Himmeln rot vom Strahl;
Des Eises Biß, der Sonne Läuterfunken
Verwischen langsam alter Küsse Mal.

Allein die echten Wandrer sind, die gehen,
Um fortzugehn; sie weichen nie vom Plan
Des Schicksals ab, und wenn die Winde drehen,
Ruft, unbewußt warum, ihr Herz: »Wohlan!«

Sind jene, deren Wünsche Wolken gleichen,
Und, wie der junge Held von Schlachtenlust,
Von weiten Wonnen träumen, wechselreichen
Und deren Namen noch kein Mensch gewußt.

Wir äffen Kreisel nach und Ball und lernen
Von ihnen Tanz und Sprünge. Noch im Schlaf
Hetzt uns die Neugier – Wirbeltanz von Sternen,
Die eines bösen Engels Peitsche traf.

Welch seltsam Schicksal, wo die Ziele wandern,
Ein Nirgendwo und drum ein Überall,
Und wo der Mensch zu tollen Durcheinandern,
Um stillzustehen, rennt im Narrenschwall!

Ein Segler nach Ikarien ist die Seele.
»Habt acht«, ruft einer von dem Mittelschiff.
Vom Mars ein andrer, Wahnsinn in der Kehle:
»Glück . . . Liebe . . . Ruhm!« Zum Teufel, s'ist ein Riff . . .

Ein jeder Fels, vom Ausguck ausgeschrien,
Bringt glückgelobtes Wunderland in Sicht.
Einbildungskraft, zum Taumelfest gediehen,
Findt eine Klippe nur im Morgenlicht.

Soll man den Freund der Fabelländer schelten?
Verdient er Ketten? Ob man ihn ertränkt?
O trunkener Erfinder neuer Welten,
Durch deren Spiegelung sich der Abgrund senkt!

So träumt der Bettelmann, im Schlamm sich plagend,
Von Schimmergärten und blickt zum Gezelt,
Verhexten Augs ein Capua erjagend,
Wo nur ein Kienspan einen Stall erhellt.

3

Ihr mächtigen Wandrer, welche Abenteuer
Sehn wir auf eurer Augen Meeresgrund!
Tut auf den Schrein Erinnerns! Welch ein Feuer
Geschmeids aus Stern und Düften wird uns kund!

Wir wollen ohne Dampf und Segel reisen!
O laßt, die ihr in unsern Kerker kamt,
Auf unseres Geists gestraffter Leinwand kreisen
Erinnern, das ein Horizont umrahmt!

Was saht ihr denn! O sagt!

4

        »Wir sahen Sterne
Und Wellenzüge und sahn auch wohl Sand;
Trotz Fahr und Not ergriff uns in der Ferne
Verdrossenheit so oft wie hierzuland . . .

Der Sonne Strahlenkranz auf Veilchenmeeren,
Der Städte Strahlenreif auf Sonnengrund
Entflammten unsern Herzen ein Begehren
Nach Sturz in eines Himmels lockend Bunt.

Doch was aus Städten, aus Gefilden blinkte,
Kam nie geheimnisvollem Locken nach,
Das aus der Wolken Wechselbildern winkte,
Und immer hielt uns neue Gierde wach.

– Der Gierde höht die Kräfte das Genießen.
O Gier, du von der Lust gedüngter Baum,
Des Zweige näher zu der Sonne schießen,
Je mehr verhärtet seiner Borke Saum!

Willst du denn die Zypresse überwinden
Im Wachstum, Baum? – Doch haben wir mit Acht,
Geneigte ihr, das Ferne schön zu finden,
Für eure Alben Skizzen mitgebracht.

Wir neigten uns im Gruß vor Rüsselgötzen,
Vor manchem edelsteinbesternten Thron,
Palästen, deren prunkendes Ergötzen
Den Reichsten arm macht, träumt er nur davon;

Vor Augen trunken machenden Gewanden,
Von Fraun mit bunten Nägeln, rotem Zahn,
Und Gauklern, um die sich die Schlangen wanden.«

5

Und dann, und dann?

6

      »O Kindersinn, o Wahn!

Um dabei nicht das Hauptstück zu vergessen,
Sahn wir – und strebten doch nach anderm Ziel –
Die ganze Leiter auf und ab indessen
Der Sünde, die nicht stirbt, langweilig Spiel:

Das Weib, gemeine Sklavin, eitel, töricht,
Die vor sich selber kniend sich nicht verhöhnt;
Der Mann, gefräßiger Tyrann und hörig,
Ein Bach im Schlamm, der einer Sklavin frönt;

Die Henker jauchzend und die Opfer klagend,
Das Fest bereitet und gewürzt mit Blut;
Das Gift der Macht des Zwingherrn Kräfte nagend,
Und immer war das Volk der Peitsche gut.

Viel Glaubenslehren, die den unseren glichen,
Und alle himmelan! Die Heiligkeit,
Die, wie im Federbett die Zimperlichen,
In Dorn und Nagel sucht die Seligkeit!

Die Menschheit schwatzhaft, ihres Geistes trunken,
Und heute so wie je ein tolles Tier,
Das schreit zu Gott in Raserei versunken:
»Mein Ebenbild, mein Herr, ich fluche dir!‹

Die minder Dummen, Wahnsinn kühn verschworen,
Der Herde, die das Schicksal band, entrückt,
Im Djungel sich des Opium verloren.
– Die ganze Welt ist damit ausgedrückt.«

7

O bitter Wissen, eingeheimst auf Reisen!
Die Welt, so klein und ewig einerlei,
Vermag uns nichts denn unser Bild zu weisen:
Oase Grauns in Grames Wüstenei!

Soll man den fortgehn? bleiben? Muß du, gehe!
Und kannst du, bleib. Der duckt sich, der läuft zu,
Daß er der Acht des schlimmen Feinds entgehe,
Der Zeit. Doch es gibt Wandrer ohne Ruh,

Die Ahasver und den Aposteln gleichen:
Kein Ding, kein Schiff, kein Wagen taugt, daß aus
Dem Netz des Fallenstellers sie entweichen,
Und andre siegen und gehn nicht von Haus . . .

Wenn endlich wir an seinem Tritt zerschellen,
Dann gibt es Hoffnung und wir schrein »Voran!«
So wie wir noch den Kurs auf China stellen,
Das Haar im Wind, den Blick als Steuermann,

So schiffen wir dann nach den Dunkelmeeren,
Das Herz so froh wie je auf erster Fahrt.
Hört ihr die Stimmen, die uns hoffen lehren,
Aus Gräbern singen: »Hierher, die ihr harrt

Des Lotos Duftmahl! Hier nur kann man pflücken
Die Wunderfrucht, nach der das Herz euch glüht;
Laßt euch zur sanften Trunkenheit entrücken
Des Nachmittags, der nie zu Ende blüht!«

Den Geist, der rief, verrät die traute Stimme;
Der Bruderfreund von drüben winkt Orest.
»Dein Herz zu kühlen, zu Elektra schwimme!«
Spricht jene, deren Knie wir einst gepreßt.

8

Auf, alter Schiffer Tod, die Anker lichte!
Dies Land hier langweilt uns, o Tod. Auf Fahrt!
Uns strahlt das Herz – du kennst es – hell vom Lichte,
Wo schwarzes Meer sich schwarzen Himmeln paart.

Schenk ein dein Gift, daß es uns Kräfte spende!
Zu neuem Funde wollen wir ins Reich
Des Unbekannten tauchen bis zum Ende,
Ob Himmel oder Hölle gilt uns gleich!

VERBOTENE VERSE AUS DEN
BLUMEN DES BÖSEN

DAS GESCHMEIDE

Die teure Frau war nackt, und weil mein Herz sie kennt,
Trug sie am Leibe nur ihr klingendes Geschmeide,
Und Siegerblick gab ihr die Flitterpracht; so brennt
Des Mohren Sklavin, ist sie einmal frei vom Leide.

Wenn diese Funkelwelt aus Steinen und Metallen
Im Schweigen tönt wie Spottgesang in hellen Klängen,
Verzückt es mich; so bannt mich sehrendes Gefallen
An jene Dinge, wo sich Licht und Töne mengen.

So lag sie ausgestreckt, von meinen Küssen schwer,
Und von dem Pfühl beglänzten lächelnd ihre Lippen
Und wohlig meine Liebe, mächtig wie das Meer,
Die zu ihr aufschwoll wie zu weißen Uferklippen.

Dem Tiger, den man bändigt, gleich sah sie mich an
Und probte sich verträumt in mancherlei Entfalten,
Und Unschuld, die mit Wollust sich in eins verspann,
Gab frische Reize den sich wandelnden Gestalten.

In glattem Fluß wie Öl und wogend wie der Schwan
Ließ Rücken, Arm und Bein sie mir vorüberschweben,
Und klaren Blicks sah sie mein Seherauge an.
Ihr Bauch und ihre Brüste, meines Weinbergs Reben,

Bedrängten schmeichelnder als böse Engel mich,
Um meiner Seele neue Ruhe zu betören
Und vom Kristallgebirg zu drängen, wo sie sich
In Einsamkeit erging und lauschte reinen Chören.

Mir war, ich säh nach neuem Plan ineins sich recken
Die Hüfte Antiopes und des Jünglings Rumpf,
So überschwoll der schlanken Lenden Spann das Becken.
Auf ihrer braunen Haut die Schminke sang Triumph!

– Und als die Ampel müd den Weg zum Sterben nahm,
Und nur der Feuerbrand noch hellte unser Zimmer,
Goß immer, wenn vom Herd ein Flammenstöhnen kam,
Es einen Strom von Blut auf ihren Bernsteinschimmer.

Komm an mein Herz, du Seele hart und böse,
Du Tiger, dem ich knie, du Untier ohne Rege,
Daß ich die Hand in deine Mähne lege
Und wühlend ihres Bebens Krämpfe löse;

Und lasse mich zerquälte Stirne tauchen
In dein Gewand, das deine Düfte färben,
Zu atmen, wie die welken Blumen sterben,
Der abgeschiedenen Liebe süß Verhauchen.

Ich will nur schlafen! Schlafen und nicht leben!
Und Küsse ohne sehrendes Bereuen
Auf deinen kupferbraunen Leib verstreuen
In meines Schlummers todesdunklem Weben.

Um stillgewordenes Weinen zu ertränken,
Kann nur mir deines Bettes Abgrund taugen;
Aus deinem Mund kann ich Vergessen saugen,
In deiner Küsse Lethe stirbt das Denken.

Wie einer, dem geschieht, was ihm gebührt,
Folg ich dem Los und nehm es an als Huld.
Ein Märtyrer, der schweigt, ein ohne Schuld
Verdammter, dessen Glut den Holzstoß schürt,

Trink ich, um meinen Ingrimm einzusargen,
Den lieben Schierling aus den holden Spitzen,
Die an der Brüste steilen Kuppen sitzen,
Die nimmer, nimmer noch ein Herz verbargen.

DER ALLZUFRÖHLICHEN

Dein Haupt und sein Wiegen gefällt
Mir gleich einer Landschaft in Prangen;
Das Lachen durchspielt deine Wangen
Wie Brisen azurnes Gezelt.

Streifst leicht du an flüchtigem Harme,
Zerstrahlt ihn Gesundheit dir ganz,
Die gleich einem hellenden Glanz
Versprühn deine Schultern und Arme.

Mit Farben in hallendem Flor
Besäst du die Kleider und Lichte.
Sie streuen dem Dichter Gesichte
Von Blumen, die tanzen im Chor.

In dieser Gewänder Geschiebe
Schreit aus sich dein närrischer Sinn;
Ich toll von dir Toller, ich bin
Von Haß ja so voll wie von Liebe!

Will ich meinen mattenden Geist
In Gärten und Wiesen versöhnen,
Fühl ich ein versehrendes Höhnen:
Die Sonne die Brust mir zerreißt . . .

So haben mich Frühling und Grünen
Erniedrigt und wehende Saat,
Daß ich eine Blume zertrat,
Den Dünkel des Blühens zu sühnen.

So möcht ich einmal in der Nacht
Im Halle der Glocke der Lüste
Zur Schatzkammer deiner Brüste
Mich schleichen in feigem Bedacht,

Dein jauchzendes Fleisch zu kasteien,
Der Brust, die man lossprach, zur Qual,
Und mit einem furchenden Mal
Den staunenden Leib benedeien

Und – Glück, das betäubend mich trifft! –
Durch Lippen, die neu so erschaffen
Und prangender, purpurner klaffen,
Ergießen, o Schwester, mein Gift!

Mutter lateinischer Spiele und griechischer Wonnen,
Lesbos, wo Küsse, verschmachtend und froh und gelind,
Frisch wie Melonen und heiß wie die Gluten von Sonnen,
Schmuck aller Nächte und leuchtenden Tage sind;
Mutter lateinischer Spiele und griechischer Wonnen,

Lesbos, du Land, wo die Küsse noch sind wie die Quellen,
Furchtlos sich werfend in strudelnde Klamm ohne Grund,
Schluchzend und perlend verströmend in rüttelnden Wellen,
Voll von Geheimnis und Wettern in wimmelndem Schlund;
Lesbos, du Land, wo die Küsse noch sind wie die Quellen!

Lesbos, wohin jede Phryne die Schwester gezogen,
Nie ohne Widerhall blieb, wenn ein Seufzender frug,
Paphos gleich sind dir bewundernd die Sterne gewogen,
Venus hat Sappho zu neiden der Gründe genug!
Lesbos, wohin jede Phryne die Schwester gezogen.

Lesbos, du Insel der heißen und schmachtenden Nächte,
Schuld ihr, daß vor ihren Spiegeln – unfruchtbare Lust! –
Mädchen, verliebt in des eigenen Leibs junge Prächte,
Schwellende Früchte umkosen an reifender Brust;
Lesbos, du Insel der heißen und schmachtenden Nächte,

Lasse doch Plato, den alten, verziehn seine Brauen,
Losspruch erwirkt dir der Küsse ungrenzbares Maß,
Fürstin des sanftesten Reiches in lieblichsten Auen,
Holdester Künste der Liebe, die keiner noch maß;
Lasse doch Plato, den alten, verziehn seine Brauen.

Losspruch erwirkt dir die ewig andauernde Peinung,
Ewiger Dorn in den Herzen, die Stolzes entbrannt
Und von uns zog eines strahlenden Lächelns Erscheinung,
Schwank nur dem Blicke von ferneren Himmeln gesandt.
Losspruch erwirkt dir die ewig andauernde Peinung!

Welcher der Götter wird, Lesbos, zu richten dich wagen,
Bannen die Stirne gebleicht von den Mühen und schwer,
Eh er die Sintflut der Tränen auf goldenen Waagen
Wog, deiner Tränen, die Bäche hinschwemmten zum Meer?
Welcher der Götter wird, Lesbos, zu richten dich wagen?

Sollen von Recht und von Unrecht die Tafeln uns gelten?
Jungfraun erlauchte, o Ruhm dieses Archipels,
Glaube von euch ist so hehr wie der anderer Welten!
Liebe wird lächeln dereinst dieses Himmels und Hels!
Sollen von Recht und von Unrecht die Tafeln uns gelten?

Lesbos, hast mich ja aus allen auf Erden erkoren,
Blühender Jungfrau Geheimnis zu künden im Sang.
Und schon als Knabe ward ich dunklen Weihen verschworen,
Wo durch die Träne entfesseltes Lachen klang;
Lesbos, hast mich ja aus allen auf Erden erkoren.

Seitdem wach ich auf Leukates gebirgiger Matte
Gleich einem Türmer mit sicher hintreffender Schau,
Der in der Nacht und bei Tag späht nach Brigg und Fregatte,
Deren Gestänge ganz ferne verzittern im Blau,
– Seitdem wach ich auf Leukates gebirgiger Matte,

Gierig zu wissen, ob gnädig und gütig die Welle
Unter der Klippen Geschluchz widerhallendem Sang
Nicht eines Abends vergebendem Lesbos geselle
Göttlichen Leichnam der Sappho, die ging von dem Drang
Gierig, zu wissen ob gnädig und gütig die Welle,

Männlicher Sappho, der Liebe, den Liedern verbunden,
Schöner als Venus durch höhendes Düster und Fahl!
Auf von Azur ward durch Auge von Nacht überwunden,
Dunkel vom Ringe gesprenkelt, den zeichnet die Qual
Männlicher Sappho, der Liebe und Liedern verbunden!

– Schöner als Venus hoch über dem Erdkreise ragend,
Schätze vergießend der heitersten Helligkeit,
Blondester Jugend goldleuchtenden Strahlenkranz tragend
Hin zu Okeanos, der seine Tochter sich weiht;
Schöner als Venus hoch über dem Erdkreise ragend!

– Göttlicher Sappho, die starb an der Lästerung Tage,
Da sie, zu kränken des Weihtums gesegnete Haft,
Pracht ihres Leibs, daß er stille sein letztes Behagen,
Rohem verschenkt, dessen Frevel die Sünde gestraft
Göttlicher Sappho, die starb an der Lästerung Tage.

Von dieser Stund an verzehrt sich mein Lesbos in Weinen;
Trotz aller Ehren, mit denen es kränzt eine Welt,
Sucht es sich nächtliche Räusche im Schrei seiner Peinen,
Den bis zum Himmel sein ödes Gestade vergellt.
Von dieser Stund an verzehrt sich mein Lesbos in Weinen!

Im fahlen Schein der müden Lampen wachte
Auf Kissen tief und schwer mit Duft getränkt
Hippolyta und starker Küsse dachte,
Die ihrer keuschen Jugend Scham gekränkt.

Sie sucht mit Augen, die das Wetter blendet,
Der Unschuld nun schon ferne Himmelsflur,
Gleich einem Schiffer, der sich rückwärts wendet
Nach Inseln, wo er nachts vorüberfuhr.

Die müden Tränen ihrer wehen Augen,
Die Starre, der besiegten Arme Paar,
Die sie gestreckt, wie Waffen, die nichts taugen,
Erhöhen ihre Zartheit wunderbar.

Zu ihren Füßen heißen Auges brütet
Delphine friedlich und hat Glücks genug,
Gleich einem Raubtier, das ein Opfer hütet,
In das es vorher seine Zähne schlug.

Die starke Schönheit, vor der zarten kniend,
In Pracht und Stolz wollüstig schlürfend, trank
Den Wein des Siegs, die Glieder nach ihr ziehend,
Als läge ihr an einem süßen Dank.

Im Aug des bleichen Opfers, sich zu laben,
Sucht sie den stummen Psalm, den Freude singt,
Die Dankbarkeit, die endlos und erhaben
Wie lange Seufzer durch die Wimpern dringt.

»Hippolyta, denkst du an unser Kosen?
Verstehst du jetzt, warum ich dir verwehrt,
Das Erstlingsopfer deiner jungen Rosen
Zu heißem Hauch zu weihn, der sie versehrt?

Mein Kuß ist leicht wie jene Eintagsfliegen,
Die kosend schaukeln auf den lichten Seen,
Und der des Gatten wird dir Furchen schmiegen,
Wie Pflüge, die über die Äcker gehn.

Er wird dich überfahren wie Gespanne
Von Stier und Pferd mit rohem Huf und Prall . . .
Hippolyta, o Schwester, Seele, banne,
O Herz, du meine Hälfte, du mein All,

In mir dein Auge voll Azur und Sternen!
Für eines süßen Blicks balsamisch Ruhn
Sollst du noch dunklere Genüsse lernen
Und schlummernd Träume ohne Grenze tun!«

Hippolyta hob auf die junge Wange:
»Ich bin nicht undankbar, bereue nicht,
Delphine mein; ich leide und ich bange
Wie nachts beim Mahl nach grausigem Gericht.

Ich fühle, wie mich schwere Schrecken schnüren
Und schwarzer Schatten Rotte mich umfließt;
Sie wollen mich auf schwanke Straßen führen,
Die blutgetränkter Horizont verschließt.

War, was wir taten, aus so fremdem Sprengel?
O tue meiner Ängste Deutung kund:
Ich schaudere, sagst du zu mir: mein Engel!
Und dabei drängt mein Mund zu deinem Mund . . .

Schau mich nicht also an, du mein Gedanke,
Für immer Liebe, Schwester meiner Wahl,
Wärst du auch einer Falle offene Pranke,
Und der Beginn des Wegs zur Höllenqual!«

Delphine schüttelte ihr Haar im Grimme
Und sprach, als zucke sie auf delphischem Stuhl,
Im Auge Schicksal, Herrschaft in der Stimme:
»Wer ist so frech und spricht vom Höllenpfuhl

Im Angesicht der Liebe? Ich verfluche
Den tauben Träumer, der in Blödigkeit
Auf unfindbarer Antwort eitler Suche
Der Liebe zugemengt die Sittsamkeit!

Will einer, daß in dunkler Weihe Schwärmen
Sich Tag zu Nacht und Glut zu Schatten schweißt,
Dann wird er nie den lahmen Leib erwärmen
Im Brand der Sonne, die man Liebe heißt.

Gib, wenn du willst, nur einem blöden Gatten
Dein unberührtes Herz zu roher Lust . . .
Du fliehst zu mir voll Reue von dem Satten
Und zeigst mir bleich die Male deiner Brust.

Nur *einen* Herrn kann man zufrieden stellen!«
Das Kind, verhauchend ungeheuren Schmerz,
Sprach: »Ich fühl in mir einen Abgrund schwellen,
Der nun sich dehnt, der Abgrund ist mein Herz,

Tief wie das Nichts und wie ein Ätna lodert;
Nichts sättigt je dies stöhnend Ungetier,
Nichts bringt den Trank, den die Erinnys fodert,
Und bis zum Blut gräbt ihrer Fackel Gier . . .

Die Läden mögen von der Welt uns trennen,
Und Ruhe spende erst der Überdruß!
Ich will in deiner tiefen Brust verbrennen
Und Grabeskühle spende mir dein Kuß!«

– Steigt nieder, nieder, arme Opferlämmer,
Den Weg, der zu der Hölle Pforte geht,
Und taucht zum Grund des Schachts, wo schwarz im Dämmer
Von Wind gepeitscht, der nicht vom Himmel weht,

Die Sünden brodeln mit Gewitterkrachen.
Betörte Schatten, rennt nach Schwichtigung!
Nie werdet satt ihr eure Süchte machen
Und eure Lust heckt eure Züchtigung.

Nie hellte reiner Lichtstrahl eure Höhlen;
Durch ihre Spalten sickert Fieberdunst,
Flammt auf wie Lampen und gleich eklen Ölen
Nährt er mit Stanke eures Fleisches Brunst.

Die bittere Unfruchtbarkeit eurer Lüste
Heizt euren Durst und friert die Haut euch kalt!
Und im Gestürm der sündigen Gelüste
Das Fleisch wie eine alte Fahne knallt.

Verlorene, vom Leben Abgeirrte,
Den Wölfen gleich durch alle Wüsten jagt!
Prägt euer Schicksal, Seelen ihr verwirrte,
Und flieht, was ihr ungrenzbar in euch tragt!

DIE VERWANDLUNGEN DES VAMPYR   CXXXII

Die Frau indes, sich windend wie die Schlange
Auf Kohlenglut und auf der Miederstange
Die Brüste knetend, gab mir Dinge kund
Voll Moschusduft aus einem Beerenmund:
»Mir ist die Lippe feucht, mir ist das Wissen,
Wie man im Bett verliert das Urgewissen.
Mein Busen siegreich alle Zähren dorrt
Und reißt den Greis zu Kinderlachen fort.
Für den, der nackt mich sieht und ohne Hülle,
Bin Sonne ich und Mond und Stern und Fülle.
Ich bin, o Weiser, kundig so der Lust,
Wenn ich den Bissen weihe meine Brust,
Die samtnen Arme einen Mann ersticken,
Gebrechlich, stark, in Flüchten und Umstricken,
Daß auf den Polstern, die der Taumel wiegt,
Der Engel Schar für mich zur Hölle fliegt.«

Als sie aus mir das ganze Mark gesogen
Und ich mich sehnend zu ihr hingebogen
Zum Liebeskuß, sah ich wie Eiters voll
Verschleimt ein Schlauch an meiner Seite schwoll.
Ich schlug in kalter Angst die Wimper nieder,
Und als im hellen Licht ich hob die Lider,
Erzitterten auf meiner Liegestatt
Statt einer Gliederpuppe, die sich satt
An Blut trank, schwank eines Gerippes Reste,
Die ächzten wie ein Wetterrad im Weste
Und wie ein Schild am Eisenstab, das sacht
Der Wind bewegt in einer Winternacht.

NACHTRAG ZU DEN
BLUMEN DES BÖSEN

AN THEODOR VON BANVILLE

1842

Du griffst der Göttin Vlies, und also schnellte
Dein Handgelenk, daß mancher denkt, du seist
In deiner schönen Laßheit Herrengeist
Ein junger Räuber, der die Liebste fällte.

Das Auge hell vom Frührot angezündet
Tatst du baumeisterlichem Stolz genug
In Bauten, deren kühner Quaderfug
Uns deiner Reife sichre Werke kündet.

Aus allen Poren, Dichter, fühle rinnen
Das Blut! Hat vielleicht des Kentauren Linnen,
Das jede Ader schuf zu trübem Bach,

Dreimal zum Färben in dem Sud gehangen
Aus flüchtigem Speichel rachedurstiger Schlangen,
Denen Herakles als Kind die Wirbel brach?

Dein Fuß ist schlank wie deine Hand, und deine Lende
Ist breit, daß sie vor schönster weißer Frau bestände;
Dem Künstler, der dir nachsinnt, dünkt dein Leib sehr lind;
Die samtnen Augen schwärzer als dein Fleisch noch sind.
Wo dich dein Gott erschuf, in blauen heißen Gründen,
Hast du nur deines Herren Pfeife anzuzünden;
Du sorgst für Wohlgeruch und für den Wasserkrug
Und hältst dem Bette fern der giftigen Mücken Flug,
Und wenn im Morgenwinde singen die Platanen,
Gehst du zum Markt nach Ananassen und Bananen;
Sonst wandelst du, wohin dein nackter Fuß dich zieht,
Und trällerst leis ein unbekanntes altes Lied;
Läßt Abend seinen Scharlachmantel niedergleiten,
Kannst weich du deinen Leib auf einer Matte breiten,
Wo deiner Träume Flut füllt bunter Vögel Chor,
Und immer sind voll Anmut sie und Blumenflor.
Warum willst, glücklich Kind, du jetzt denn zu uns kommen,
In übervolle Länder, die im Schmerz verkommen,
Dich Schiffsvolks starken Armen anvertrauend, ziehn,
Für immer deine teuren Tamarisken fliehn?
Du, halben Leibes nur von Musselin umflossen –
Wie wirst du weinen dort im Schnee, bei Hagelschlossen
Nach dem, was hier die süße Lust in Freimut bringt,
Wenn unter steifem Mieder, das die Hüften zwingt,
Dein Brot du suchen sollst in unsren Unrathaufen
Und deines fremden Zaubers Düfte wirst verkaufen,
Versonnenen Augs, und läufst im schmutzigen Nebelmeer
Nun hinter den Gespenstern ferner Palmen her!

LOBGESANG

Die mir so liebe, mir so schöne,
Die füllt mein Herz mit Helligkeit,
Den Engel, Bild, das Tod verpöne,
Grüß ich in Unvergänglichkeit!

Sie breitet aus in meinem Leben
Sich wie ein salzig Elixier;
Den Schmack des Ewigen zu erleben,
Dankt ungestillte Seele ihr.

Ein immer frisch Gedüft, des Hauchen
Der Kammer Luft uns köstlich macht,
Vergeßnen Weihrauchbeckens Rauchen,
Das leise eindringt in die Nacht,

Wie, Liebe ohne Untergehen,
Verkünd ich deine Wirklichkeit?
Ein Moschuskorn, das ungesehen
Am Grund liegt meiner Ewigkeit!

Die mir so liebe, mir so schöne,
Born meiner Kraft und Freudigkeit,
Den Engel, Bild, das Tod verpöne,
Grüß ich in Unvergänglichkeit!

Der Mensch hat für sein Lösegeld
Zwei Äcker, deren schweren Boden
Er brechen muß, und sie zu roden
Braucht er des Geistes Pflug im Feld;

Er muß für ärmster Rosen Sprießen
Und karger Ähren Wuchs dann Jahr
Für Jahr von grauem Schläfenpaar
Mit salzigen Tränen sie begießen.

Heißt einer Liebe, einer Kunst.
– Daß er den Richter gnädig stimme
Am Tag, wo des Gerichtes Stimme
Erschallt zu Urteil ohne Gunst,

Muß er ihm Scheunen weisen können,
Die voller Garben sind, und Flor,
Vor dessen Form – und Farbenchor
Die Engel ihm ihr Jawort gönnen.

Mein Bett berührte fast die Bücherlaube,
Ein Babel, wo der Ernst beim Losen stand,
Sich mengend Romas Asche, Hellas' Staube.
Ich selber war nicht größer als ein Band.
Zwei Stimmen raunten. Eine, hinterhältig,
Sprach ernst: »Die Erde ist ein süßes Brot.
Ich kann (und deine Lust wird tausendfältig)
Dir einen Hunger leihn von gleichem Schrot.«
Die andre: »Komm und in die Träume reise,
Jenseits entdeckter Welt und Ungefähr!«
Und diese sang des Meereswindes Weise,
Ein Geist in Schweifen – keiner weiß woher –,
Der uns beglückt und schreckt zu gleicher Stunde.
Ich gab zur Antwort: »Holde Stimme, ja!«
Seit jenem Tage währt, was meine Wunde
Und mein Verhängnis heißt. Ich sehe da
Im Kern des Abgrunds hinter den Kulissen
Des Seins ganz deutlich Welten seltsam leer
Und schleife in verzückter Schau, verbissen
In meine Schuhe, Nattern hinterher.
Und seitdem ist's, daß ich wie die Propheten
So zärtlich liebe Meer und Wüstenein,
Auf Festen weine, fluche statt zu beten
Und Süße schmecke in vergälltem Wein;
Daß oft, was ist, mir gilt für Lügenschäume,
Und ich in Gruben falle, schaund zum Licht . . .
Die Stimme aber tröstet: »Träume, träume!
An Narrenträume reicht der Weise nicht!«

DIE FRIEDENSPFEIFE

Nach Longfellow

1

Doch Manitu, des Lebens Fürst, stieg wieder,
Der Mächtige, ins grüne Grasland nieder,
Ins Grasland weit und felsenbergggekrönt;
Und dort am Klippenfirst des Roten Schroffen,
Dem Raum gebietend und vom Licht getroffen,
Reckt er sich auf und seine Hoheit dröhnt.

Nun rief der Stämme Unzahl er zum Thinge,
So reich an Volk, daß Gras und Sand verginge.
Mit seiner Riesenhand brach er ein Riff
Vom Fels, aus dem er eine Pfeife machte,
Zu der das Rohr er sich am Strome sachte
Aus einer mächtigen Garbe Schilfes griff.

Um sie zu stopfen nahm er Weidenrinde,
Und, der die Kraft erschuf, stand frei im Winde
Und brannte wie ein göttliches Fanal
Die Friedenspfeife an. Noch auf dem Schroffen
Sog er den Rauch und ward vom Licht getroffen.
Doch für die Völker war es das Signal.

Und langsam hebt der Rauch sich in den Lüften
Des sanften Morgens, wellig, schwer von Düften.
Zunächst scheint er ein düstrer Nebelstreif,
Dann wird der Qualm zu grauem Dampf und dichter,
Dann bleicht er, schwillt und steigt und endlich bricht er
Sich an der Himmel hartem Kronenreif.

Und ferne von des Felsgebirges Wällen,
Der Seen des Nordens lauten Wasserfällen,
Von Tawashenta, Tal, dem keines gleicht,
Bis Tuscaloosa, Wald von süßen Düften,
Sehn alle das Signal, das in den Lüften
Des Scharlachmorgens auf im Frieden steigt.

Die Deuter sprechen: »Seht ihr dieses Schwelen,
Den Qualm, der, so wie Hände im Befehlen,
Dort schwingt und dunkel vor der Sonne dräut?
s'ist Manitu, des Lebens Fürst, der nieder
Ins weite Grasland stieg und nunmehr wieder
Die Krieger all zu seinem Thinge beut.«

Da kommen auf den Strömen, auf den Wegen,
Wo immer her der Winde Atem fegen,
Die Krieger aller Stämme, allzumal
Vom Qualme, der zum Himmel stieg, betroffen,
Gehorsam zu dem Thing am Großen Schroffen,
Zu dem sie Gitsche Manitu befahl.

Die Krieger halten in der grünen Weite
In Wehr und Waffen und gestählt zum Streite,
So bunt gefärbt wie Laub zum Herbst im Wald;
Und Haß, der allen Wesen Kampf verkündet,
Der Haß, der ihrer Ahnen Aug entzündet,
Auch aus dem ihren Todesgluten strahlt.

Und es ist voll von altererbtem Hassen.
Doch Manitu, der Erde Herr, gelassen
Erbarmensblicke auf sie alle tut,
Gleich einem der Verkehrung feinden Weisen,
Der sieht, wie seine Söhne sich zerbeißen!
Denn jedes Volk hält Manitu in Hut.

Er breitet über sie die starke Rechte,
Daß er ihr Herz und ihre Enge knechte,
Ihr Fieber kühl' im Schatten seiner Hand.
Dann spricht er hoheitsvoll und mit der Stimme
Der Wasserflut im Aufruhr, die im Grimme
Des Falls ein übermenschlich Tönen fand:

2

»Nachkommenschaft, beklagenswert und teuer!
O Söhne mein, hört Himmelsweisheit an,
Denn Manitu, des Lebens Herr und Steuer,
Spricht nun zu euch, derselbe, der in euer
Gefild den Büffel, Bär und Elch getan.

Ich gab euch reiche Jagd und Fang hienieden;
Was ward im Jäger denn der Mörder wach?
Ich ließ euch Vögel nisten in den Rieden;
Was seid ihr Frechen denn noch nicht zufrieden?
Was stellt der Mensch denn seinem Nachbarn nach?

Ich bin gar müd des Kriegs! In eurem Munde
Wird Sünde noch Gebet und Weihewort!
Weil ihr in Zwietracht lebt, geht ihr zugrunde,
Und eure Kraft liegt doch im Bruderbunde.
Seid Brüder denn und lebt im Frieden fort!

Bald schenkt euch meine Milde den Propheten,
Der, euch zu lehren, mitzuleiden kommt.
Das Leben wird zum Fest durch des Beredten
Verkündet Wort; doch schmähet ihr sein Beten,
Im Fluch Verstrickte – dann im Nichts verkommt!

Wascht ab der Blutgier Farben in den Fluten!
Hier habt ihr Fels, dort Schilf, was jeder braucht
Zu einer Pfeife. Keiner soll mehr bluten
Und morden mehr! In brüderlichen Gluten
Vereint zum Bund die Friedenspfeife raucht!«

3

Sie werfen jäh die Waffen auf die Brache,
Die Kriegsbemalung löschen sie im Bache,
Die stolz auf ihren wilden Stirnen gleißt.
Ein jeder höhlt den Pfeifenkopf und schneidet
Am Strand ein Rohr, das er sich zubereitet.
Und seinen Kindern lächelt zu der Geist!

Und alle ziehen heim; es sind die Geister
Beglückt und still. Doch Manitu, der Meister
Des Lebens, geht durchs offne Himmelstor.
– Durch einer Wolke glanzerhellte Dünste
Schwebt der Allmächtige, froh seiner Künste,
In Hoheit, Duft und Licht gehüllt empor.

1

Was soll ich dein Betragen rügen?
Sei schön und sei umflort! Es mischt
Die Träne Zauber holden Zügen,
Wie Flüsse sie in Täler pflügen;
Ein Wetter mürbe Blumen frischt!

Am schönsten bist du, wenn die Freude
Von der betäubten Stirne weicht,
Dein Herz umringt des Grauens Meute;
Wenn über rosenrotes Heute
Der schlimme Nebel Gestern streicht.

Ich lieb dich, wenn dein Aug besiegen
Gewässer warm wie Blut im Föhn,
Und wenn trotz meiner Hände Wiegen
Zu schwer gewordne Ängste fliegen
Wie eines Sterbenden Gestöhn.

Ich atme – Lust, die Götter geben
Und Lobgesang – in tiefem Kuß
Aus deiner Brust das wehe Beben,
Und deines Herzens Lichter leben
Von deiner Augen Perlenguß.

2

Ich weiß, dein Herz ist ganz besessen
Von Lieben, die du abgetan,
Und flammt doch noch wie Schmiedeessen,
Ich weiß, daß deine Brüste pressen
Von der Verdammten Stolz ein Gran.

Doch, Liebe, solang dich nicht blendet,
In Träumen spiegelnd, Höllenlicht,
Und dir ein Alpdruck, der nicht endet,
Nicht Gier nach Gift und Dolchen spendet,
Nach Pulver und nach Stahl, dir nicht

Die eignen Türen macht zu Fallen,
Allüberall Unheil verrät,
Dich rüttelnd, wenn die Stunden hallen,
Und darum dich in seinen Krallen
Unwiderstehlich Ekel dreht,

Darfst du, o Sklavin, die wir krönen,
Die mich nur liebt von Schrecken bleich,
Der Nächte Grauen zu versöhnen,
In deiner Seele Qual nicht stöhnen:
»Mein König, ich und du sind gleich!«

DAS GEBET EINES HEIDEN

Halte die Flamme am Schwelen,
Wärmt sich mein Herz doch sonst nie,
Wollust, du Marter der Seelen!
Diva, supplicem exaudi!

Atem ätherischer Chöre,
Lohe tief unten im Grund,
Düsternde Seele erhöre!
Ehernen Sang tönt ihr Mund.

Wollust, sei Fürstin mir immer,
Nimm von Sirenen den Flimmer
Samtenen Fleisches zur Zier,

Gieß deinen Schlummertrank mir
Schwer in des Weines Verzückung,
Biegsam Gespenst und Entrückung!

DER EMPÖRER

Ein Engel stürzt vom Blau, und seine Augen brennen
Wie Adleraugen, faßt am Haar den Heiden; schrill
Ruft er, ihn schüttelnd: »Du lernst rechtes Maß noch kennen
(Denn ich, verstehst du, bin dein Schutzgeist), und ich will!

Du mußt – und darfst dabei die Miene nicht verziehen –
Den Armen lieben und den Bösen, stumpfen Wanst,
Auf daß dem Herrn du, wird er einst vorüberziehen,
Aus deiner Liebe Werk den Teppich breiten kannst.

So ist die Liebe! Eh dein Herz, zu satt, verdirbt,
Entzünde neu an Gott Verzückung deiner Sinne;
Das ist die wahre Wollust, deren Reiz nicht stirbt!«

Der Engel, züchtigend im Maße seiner Minne,
Mit Riesenfäusten des Verfluchten Knochen bricht;
Doch der antwortet nichts denn nur: »Und ich will nicht!«

DER WARNER

Ein jeder Mensch, wert es zu sein,
Hat in sich eine Schlange wohnen;
In gelber Pracht läßt sie ihn fronen:
Sagt er »Ich will!«, zischt schnell sie »Nein!«

Häng deine Augen an die Brauen
Der Truden und der Wasserfrauen –
Es spricht der Zahn: »Denk deiner Pflicht!«

Mach Kinder oder pflanze Bäume,
Feil Verse, bild in Marmor Träume –
»Lebst du heut nacht?« der Zahn dann spricht.

Was man auch hoffe, unterfange –
Kein Augenblick dem Menschen währt,
An dem nicht warnend ihn durchfährt
Der Biß der unleidlichen Schlange.

TAFEL ZU EINEM VERPÖNTEN BUCHE

O Leser, Freund der Hirtenlieder,
Der biedersinnig tut das Rechte,
Wirf weg! Dies Buch singt dunkle Mächte,
Das Taumelfest und drückt dich nieder.

Hat dich nicht Satan unterrichtet
Im letzten Schuljahr, zäh verschlagen,
Wirf weg dies Buch! du wirst verzagen
Und hältst für krank den, der's gedichtet.

Doch taucht dein Auge in die Fernen
Der Schlünde, ohne zu versteinen,
So lies! Du sollst mich lieben lernen . . .

Neugierige Seele, die in Peinen
Nach ihrem Paradiese sucht,
Beklage mich – sonst sei verflucht!

Sei stille, Schmerz, und bleib in Ruh geborgen!
Du riefst den Abend; sieh, er kommt, ist hier:
Ein trüber Dunst umhüllt der Stadt Revier;
Den einen bringt er Frieden, den' die Sorgen.

Indes der Sterblichen gemeine Gilde,
Vom harten Folterknechte Lust gepreßt,
Gewissensbisse pflückt beim Sklavenfest,
Gib deine Hand, o Schmerz, und in Gefilde

Fern ihnen komme. Sieh die toten Jahre
Vom Himmel in verjährten Kleidern winken,
Vom Grund des Sees der Reue Lächeln blinken,

Die Sonne schlummernd auf der Totenbahre,
Und – Sargtuch gleich, das sich im Osten spreitet –
Hör, Teurer, hör die sanfte Nacht, die schreitet!

DER DECKEL

Auf allen Fahrten über Land und Meere,
Und ob die Sonne glüht, ob fahl sie rollt,
Im Dienste Christi, tändelnd auf Kythere,
Ob Bettler grau, ob Krösus licht vom Gold,

Ob Städter, Landmann, seßhaft und Vagant,
Ob taub sein Hirn, ob trächtig von Gewittern,
Den Menschen des Geheimen Schrecken bannt,
Und schaut er auf, beginnt sein Aug zu zittern.

Er sieht den Himmel! Sargwand ohne Lücke,
Besternte Decke zu dem Possenstücke,
Wo blutigen Boden jeder Mime stampft;

Des Klausners Hoffnung und des Freigeists Fessel:
Den Himmel! Deckel zu dem großen Kessel,
Wo unmerkbar und breit der Mensch verdampft.

DER ROMANTISCHE SONNENUNTERGANG   XIV

Wie schön die Sonne in des Aufgangs erster Frische,
Wenn sie uns prallend herschießt ihren Flammengruß!
– Und glücklich, wer da kann mit einem Liebeskuß
Die Traumglut grüßen, die sich ihrem Scheiden mische!

Ich weiß noch gut . . . Ich sah schon alles, Blume, Trift,
Vor ihrem Aug vergehn wie eines Herzens Welle . . .
– Eilt schnell zum Horizont! s'ist spät: drum schnelle, schnelle!
Damit uns wenigstens ein schräger Strahl noch trifft.

Vergebens folgt dem Gott, der vor uns weicht, mein Lauf;
Unwiderstehlich führt die Nacht ihr Reich herauf,
Die dunkle, feuchte, voll Verhängnissen und Schrecken;

Ein Grabeshauch weht in der Finsternis empor,
Mein Fuß wird ängstlich; er zertritt im Ufermoor
Wohl unversehens Kröten oder kalte Schnecken.

O Luna, die leis unsre Ahnen verehrten,
Siehst hoch du vom Blau, wo hell leuchtend vom Strahl
Dir folgt der Gestirne geputzt Bacchanal,
O Cynthia, hellend, wo Menschen versehrten,

Die Liebenden müd auf den glückhaften Betten
Im Schlummer sich weisen den Mund von Granat?
Die Stirne des Dichters sich senken aufs Blatt?
Die Schlangen im dörrenden Gras sich verketten?

Schleichst huschenden Tritts du im gelben Gewand
Wie früher vom Abend zum Morgen, entbrannt,
Verjährende Anmut Endymions zu siegeln?

– »Ich seh deine Mutter, verelendet Kind,
Wie Trümmer von Jahren sie beut ihren Spiegeln
Und kunstreich die Brust, die dich nährte, umspinnt.«

Ein Abgrund höhlte Pascals Brust: im Gehen
Ging der mit ihm. – Ach! Abgrund alles: Wort,
Begehren, Traum, die Tat! In einem fort
Haucht Angst in mein gesträubtes Haar ihr Wehen.

In allem – oben, unten – Tiefe, Sand,
Das Schweigen, fesselnder, furchtbarer Raum . . .
Auf meiner Nächte Grund malt bösen Traum
Vielfältig Gott mit fester Meisterhand.

Ich fürchte Schlaf wie einen tiefen Schlund
Voll Graun und unbekannter Schrecken Mund;
In jedem Blick ich Grenzenloses finde.

Mein Geist, den Schwindel heimsucht, schaut, von Neid
Umfangen, auf des Nichts Fühllosigkeit.
– Ach, daß ich nimmer Zeit und Raum entschwinde!

IKARISCHE KLAGE

Es sind die Buhlen der Dirnen
So glücklich, satt und gemach –
Mir aber die Arme zerbrach
Mein Griff nach den Wolken und Firnen.

Dank den Sternen den ohnegleichen,
Die Himmelsgrunds Fackeln sind,
Sieht mein Auge – verbrannt nun und blind –
Nur der Sonnen Erinnerungszeichen.

Vergebens wollte ich dringen
An des Raumes Mitte und Rand –
Vor undeutbaren Feueraugs Brand
Fühl ich, wie mir schmelzen die Schwingen.

Den die Gluten des Schönen verbrennen,
Mir gibt man nicht einmal den Ruhm,
Den Abgrund – mein Grab einst – darum
Mit meinem Namen zu nennen.

Der Geizhals an des Vaters Sterbebett
Spricht träumend vor den Lippen bleich und bleicher:
»Ich meine fast, da liegt manch altes Brett,
    Lang gut genug, auf unserm Speicher.«

Das Weibchen gurrt: »Mein Herz ist gut, und auch
Nur nach Gebühr schuf Gott mich schön und reizend.«
Ihr Herz! Ihr Herz, verschrumpft wie Fleisch im Rauch
    Und an der Hölle Flammen beizend!

Ein Schreiber schwelt, drum glaubt er sich ein Licht
Und spricht zu dem, den er in Nacht gestoßen:
»Des Schönen Schöpfer, siehst du ihn noch, Wicht,
    Den du Erneurer nennst und Großen?«

Genauestens kenn ich einen Lüstling noch:
Wehklagend gähnt er Tag und Nacht, im Munde,
Der Geck und Schwächling, nur das Wort: »Ei doch!
    Ich werde fromm . . . in einer Stunde .. .«

Dann raunt die Uhr: »Mensch in Verdammnis, du
Bist reif! Umsonst gewarnt des Fleisches Schauer!
Der Mensch ist blind und taub und mürb dazu
    Wie die vom Schwamm erstickte Mauer.«

Und Einer kommt und spricht mit stolzem Hohn,
Denn jeder leugnet ihn: »Ihr habt gegessen
Geweihtes Brot an meinem Tisch nun schon
    Genug beim Feiern schwarzer Messen!

Von euch hat jeder mir sein Herz geweiht,
Ihr küßtet hehlings meine Hinterbacke!
Kennt Satan an der Siegerlache breit
   Und häßlich wie der Erde Schlacke!

Du glaubtest wohl, mein Heuchlervolk ertappt,
Daß man den Meister unterm Spiel betrüge?
Es regne zwiefach Lohn, wenn man nur schnappt?
   Daß reich mit selig sich vertrüge?

Es will der Fug: das Wild zahlt Jägers Lohn,
Der lang vergeblich ansteht, es zu stellen.
Ich trage durch das Dichte euch davon,
   Ihr meiner trüben Lust Gesellen,

Das Dichte aller Erde, Fels und Stock,
Und durch den Unrathaufen eurer Asche
Zu einem Schloß, wie ich so groß – ein Block
   Nur und aus Stein, dran keiner nasche!

Denn die Gemeine Sünde ist sein Stoff;
Mein Stolz, mein Schmerz, mein Ruhm sich darin scharen!«
– Doch auf dem First des All ein Engel schroff
   Gereckt bläst die Fanfaren

Der Herzen, die gesprochen: »Benedeit
Dein Stachel, Herr, und Heil dem Schmerz! Die Seele
Ist ja bei dir nicht leerem Spiel geweiht
   Und deine Weisheit ohne Fehle.«

So süß ertönt der Siegposaune Hall
Zur Feier nach des Himmels Traubenernte,
Daß er durchweht wie der Verzückung Schwall
   Sie alle, die sein Psalm besternte.

GEWISSENSERFORSCHUNG UM MITTERNACHT

Der Uhrenschlag zur Mitternacht
Läßt zur Besinnung uns gelangen,
Was mit dem Tag wir angefangen,
Der nunmehr sich von dannen macht.
– An diesem Tag, der viel entschleiert,
Freitag den dreizehnten, hab ich
Trotz allen Wissens freventlich
Die Ketzerlitanei geleiert.

Ich habe Jesus Christ bedreckt,
Und ist der wahrste doch der Götter!
Wie an des Reichen Tisch der Spötter
Schmarotzend eklen Speichel leckt,
Hab ich, weil es dem Scheusal schmeichelt,
– So wert der Hölle Ritterschlag –
Geschmäht, was ich am liebsten mag,
Und was mir widrig ist gestreichelt;

Ein feiger Henker wehgetan
Dem Schwachen, den man fehl verachtet,
Die Riesin Dummheit angeschmachtet
Und ihrem Stierhaupt schöngetan;
Geküßt mit tief gebeugten Knien
Der Stoffwelt stumpfes Angesicht
Und der Verwesung fahles Licht
Mit frommem Segensruf beschrien.

Wir haben schließlich, um im Wein
Den Schwindel zu ertränken – hehren
Gesanges stolze Priester, deren
Erlauchter Ruhm es ist, allein
Die Trunkenheit des Tods zu wecken –
Getrunken ohne Durstes Zwang! . . .
– Blas schnell die Lampe aus, uns bang
In Finsternissen zu verstecken!

BERTHAS AUGEN

Ihr könnet Augen noch so hochgerühmt verachten,
Ihr schönen Augen meines Kinds, durch welche rinnt
Ein Ding so sanft und gut, wie es die Nächte sind!
Ihr schönen Augen, hüllet mich in süßes Nachten!

Ihr großen Augen meines Kinds, geweihter Ort,
Wie mächtig könnt ihr diesen Zaubergrotten gleichen,
Wo Schatten ohne Leben durcheinander schleichen,
Durch die undeutlich glitzert ungekannter Hort!

So dunkel, wie du bist, und hell vom gleichen Glühen,
O Nacht, sind diese Augen, tief und unbegrenzt!
Leuchtfeuer sind der Liebe Wünsche, die durchglänzt
Von Frömmigkeit am Grunde keusch und üppig sprühen.

AUF DAS BILD »TASSO IM GEFÄNGNIS«
VON EUGENE DELACROIX

Der Dichter im Kerker und Lumpengewand
Zertritt kranker Starre ein Blatt seiner Hand;
Der Schrecken entflammt seine Augen – sie hellen
Die Stiege des Taumels; dort wird er zerschellen.

Verstörend Gelächter erfüllt sein Gefängnis
Und führt seine Seele in Wahn und Verhängnis;
Der Zweifel umschleicht ihn, und Angst seinen Geist
In hundert Gestalten und schrecklich umkreist.

Erlauchtheit gefangen in feuchtem Gelaß,
Die Fratzen, der Schwarm der Gespenster in Haß,
Die aufgescheucht hinter ihm summen, der Jammer . . .

Der Träumer erwacht vom Entsetzen der Kammer –
Dein Gleichnis, o Seele voll dunkelsten Traums,
Erstickt von den Mauern des endlichen Raums!

GAR WEIT VON HIER

Dies ist der Ort, der benedeite,
Wo reich geputzt das stets bereite,
Gelaßne Mädchen, mit der einen

Der Hände ihren Busen fächelnd,
Den Arm auf weichen Kissen, lächelnd
Den Becken zuhört, wie sie weinen:

Und Dorotheens Kammer dämmert.
– In Fernen singen Strahl und Wind
Ihr Lied, auf dem ein Schluchzen hämmert,
Zu wiegen das verwöhnte Kind.

Die zarte Haut ist mit Asant
Und Duftöl sorglich eingerieben,
Von Kopf zu Fuß nichts freigeblieben.
– Ein Strauß verriecht vor leerer Wand . . .

DER WASSERSTRAHL

Dein schönes Aug ist laß, Geliebte:
Beharre in dem weichen Spiel,
Geschloßnen Augs, das dir beliebte,
Als dich die Wonne überfiel.
Im Hof des Wasserstrahls Geplauder,
Der Tag und Nacht nicht Ruhe braucht,
Bewahrt mir sanft verzückten Schauder,
Darein zur Nacht mich Liebe taucht.

   Die Garbe aufgegangen
     Wie Meer in Blühn,
   Darin die Farben prangen,
     Die Phöbe glühn,
   Fällt nieder, wie auf Wangen
     Die Tränen sprühn.

Und deine Seele, die der blutig
Geflammte Blitz der Lust entbrannt,
Schwingt wie der Strahl sich jäh und mutig
Zu Himmeln, die ein Zauber bannt,
Und sterbend dann wie eine Welle
Von müder Sehnsucht sich ergießt,
Die in unmerklichem Gefälle
Zum Grunde meines Herzens fließt.

   Die Garbe aufgegangen
     Wie Meer in Blühn,
   Darin die Farben prangen,
     Die Phöbe glühn,
   Fällt nieder, wie auf Wangen
     Die Tränen sprühn.

Wie schön, an deiner Brust zu lehnen,
Du doppelt von der Nacht verschönt,
Und sich ergeben ewigem Sehnen,
Das klagend aus den Becken stöhnt!
O Mond und tönend Wasser, Segen
Der Nacht und Bäume zitternd rund,
Die reine Trauer eurer Regen
Sind meiner Liebe Spiegelgrund.

Die Garbe aufgegangen
    Wie Meer in Blühn,
Darin die Farben prangen,
    Die Phöbe glühn,
Fällt nieder, wie auf Wangen
    Die Tränen sprühn.

LOLA VON VALENCIA XXIV

Aufschrift für ein Bild Edouard Manets

Mitten im Kreis der Schönen, die ringsum erblickte das Auge,
  Kann ich, o Freunde, verstehn, daß die Begierde euch
                                        schwankt.
Wohl! doch uns trifft von dem Bild der Valenzierin Lola ein
                                        Blinken,
  Nimmer erwarteter Reiz Kleinods aus Rose und Nacht!

VERSE ZUM BILDNIS HONORE DAUMIERS   XXV

Der Mann, des Bildnis ich euch weise
Und dessen Kunst, von Licht genährt,
Uns selber zu verlachen lehrt,
Der Mann, o Leser, der ist weise.

Er ist ein Spötter und voll List;
Doch zeigt er durch die Urgewalten,
Mit den' des Bösen Vielgestalten
Er malt, wie groß sein Herz doch ist.

Nie ist sein Lachen Fratze, Gleißen
Mephistos oder des Melmoth,
Wenn der Alekto Fackel loht:
Sie brennen, aber wir vereisen . . .

Ihr Lachen ist nur das Gewicht
Des Schmerzes auf der Lust, ein Zahlen;
Das seine freies, weites Strahlen
Und seiner Güte froh Gesicht.

NACHWORT DES ÜBERSETZERS

Die erste Auflage der »Fleurs du Mal« erschien 1857 in Paris und enthielt hundert Gedichte. Am 20. August desselben Jahres wurden Dichter und Verleger wegen »Verstoßes gegen die öffentliche Moral und die guten Sitten« von der Pariser Strafkammer zu der Geldstrafe von 300 frs verurteilt und erhielten die Auflage, sechs Gedichte (Das Geschmeide; Lethe; Der Allzufröhlichen; Lesbos; Frauen in Verdammnis; Die Verwandlungen des Vampyr) aus der Sammlung zu streichen. Im Jahre 1861 ließ der Dichter eine zweite, von den inkriminierten Versen »gereinigte« Auflage erscheinen, die um fünfunddreißig Gedichte vermehrt war. Im Jahre 1866 erschien in Brüssel ein Bändchen »Les Epaves«, das dreiundzwanzig Gedichte, darunter die verbotenen, enthielt. Nach dem Tode des Dichters erschien die mit einer Vorrede Théophile Gautiers versehene, nicht vom Dichter selbst herrührende, sogenannte endgültige Ausgabe der »Fleurs du Mal«, in der die in den vorausgegangenen Ausgaben enthaltenen Stücke um einige weitere, dem vorerwähnten Bändchen entnommene, vermehrt worden sind. Diese Ausgabe hat die Kritik der hervorragendsten Kenner Baudelaires herausgefordert. Dieser Übertragung wurde der Text der zweiten Auflage zugrunde gelegt, dem – nach dem Vorschlag Ad. van Bevers – die sechs verbotenen und fünfundzwanzig weitere, vom Dichter offenbar für die geplante dritte Auflage vorgesehene Stücke hinzugefügt wurden.

Der Übersetzer ist sich gewisser Mängel seiner Arbeit genau bewußt: er hat nicht immer das Besondere der Reimfolgen des Originals beibehalten; die Zäsuren der Alexandriner sind nicht überall streng beachtet worden; bei nicht wenigen Gedichten wurden die Silbenzahlen der Verse vermindert usw. Diese Regelwidrigkeiten wurden von dem Übersetzer gewagt, weil ihm schien, die deutsche Sprache verlange insoweit nicht dieselbe Regelhaftigkeit wie die französische, und zu den Verkürzungen der Verse hat er sich jeweils entschlossen, wenn er meinte, daß ihre Verdichtung der Verdeutschung zugute kommen könne. Vielleicht wird der Leser dies gelten lassen; was er darüber hinaus auszusetzen findet, muß er dem Unvermögen des Übersetzers, es besser zu machen, zuschreiben.

Diese Übertragung wurde im Jahre 1941 abgeschlossen und war ursprünglich nur für einige Freunde bestimmt, die schließlich vermocht haben, dem Übersetzer einzureden, daß ein weiterer Kreis von Menschen, die den wahrhaft großen Dichter Charles Baudelaire verehren, durch diese Verdeutschung erfreut werden könnte. So ist sie denn doch zur Veröffentlichung gekommen.

Die »Fleurs du Mal« sind in ihren Höhen und Tiefen ein so geschlossenes Ganzes, daß der Übersetzer nicht glaubte, sich auf eine Auswahl beschränken zu können. Auch aus den untergründigsten Dunkelheiten, die das Leiden des Dichters zu Schönheit läutert, strahlt Licht des Geistes in unsere Gewissen.

Comme montent au ciel les soleils rajeunis
Après s'être lavés au fond des mers profondes . . .

INHALT

Pariser Bilder

Der Wein

Blumen des Bösen

Empörung

Der Tod

insel taschenbücher

Alphabetisches Verzeichnis